Senta Berger (Hg.)

Mein großes Familiensonntags Frühstücks Vorlesebuch

Redaktionelle Mitarbeit von Christiane Schlüter
und Illustrationen von Nina Chen

FREIBURG · BASEL · WIEN

Inhaltsverzeichnis

VORWORT ... 10

Januar ... 13

1. **JENS RASSMUS** Abkühlung ... 14
Mit einer richtigen Dusche wird jeder Morgen schön

2. **Wie die Tiere dafür sorgten, dass es Sonne und Mond gibt** ... 16
Durch Ausprobieren lassen sich Probleme am besten lösen

3. **KLAUS-PETER WOLF** Kapitän Hakenhand ... 19
Etwas Abenteuer braucht jeder – und etwas Ruhe auch

4. **JAMES THURBER** Das kleine Mädchen und der Wolf ... 22
Wie gut, wenn man sich wehren kann!

Februar ... 23

5. **HANNA HANISCH** Von der großen Wut des kleinen grauen Elefanten ... 24
Wie das Glück die Wut zum Verschwinden bringt

6. **ACHIM BRÖGER** In Wirklichkeit war es anders ... 27
Jede Suche kommt einmal an ihr Ziel

7. **Warum der Wolf im Wald lebt** ... 30
… und wie es kam, dass er nicht mehr so freundlich ist wie einst

8. **GOTTHOLD EPHRAIM LESSING** Der Besitzer des Bogens ... 32
Das Schönste ist nicht immer das Praktischste

März ... 33

9. **JHEMP HOSCHEIT** Was willst du später werden? ... 34
Wie ein Junge sich von niemandem die Laune verderben lässt

10. **Der Käfer und der Löwe** ... 37
Jeder soll sein eigenes Ziel erreichen

11. **MILENA BAISCH** Putzparty ... 38
Wie Musik einen traurigen Menschen wieder fröhlich macht

12. **BERTOLT BRECHT** Märchen ... 41
Manchmal träumen wir gerade von dem, was wir nicht haben

13. **GERDA WAGENER** Der klitzekleine Hase und seine Freunde ... 42
Woran man Freundschaft erkennt

April — 45

14. Der kluge Sohn — 46
Die kleinste Sache hat zuweilen die größte Wirkung

15. AESOP Die Maus und der Löwe — 47
Wie einmal eine Großzügigkeit belohnt wurde

16. ROBERT GERNHARDT Die Angstkatze — 48
Es erfordert Mut, so richtig feige zu sein

17. LINDE VON KEYSERLINGK Alles nur Könige? — 51
Wenn jeder eine Aufgabe übernimmt, funktioniert's am besten

Mai — 54

18. Vom Bäuerlein, das Winter und Frühling in seine Dienste nahm — 55
Jede Jahreszeit hat ihren Sinn

19. URSULA WÖLFEL Die Geschichte von der Schnecke in der Stadt — 57
Wie aus einem fremden Ort ein neues Zuhause wurde

20. LINDE VON KEYSERLINGK Das Ungeheuer — 58
Traum und Wirklichkeit sind zwei verschiedene Welten

21. JENS RASSMUS Waschtag — 62
Manche Leute stecken voller Überraschungen

Juni — 63

22. Der gebrochene Eimer — 64
Auch aus einem Fehler kann etwas Schönes entstehen

23. LINDE VON KEYSERLINGK Nichts gesagt — 66
Keiner muss sich ungerecht behandeln lassen

24. Der Tempel der tausend Spiegel — 68
Wie wir der Welt begegnen, so begegnet sie uns

25. Der singende Schuster — 69
Freude ist das Allerwichtigste im Leben

Juli — 71

26. LINDE VON KEYSERLINGK Angelina — 72
Was geschieht, wenn kleine Schafe größer werden

27. ANGELIKA EHRET Zeugnisse — 75
Erfahrungen sind doch viel überzeugender

28. URSULA WÖLFEL **Die Geschichte von der Mutter, die an alles denken wollte** 76
Gegen den Zufall hilft die beste Vorsicht nichts

29. URSEL SCHEFFLER **Der Regenmacher von Salamanca** 77
Warum es besser ist, wenn die Menschen nicht übers Wetter bestimmen können

30. RAFIK SCHAMI **Am Meer** 80
Wie ein Verbot ganz langsam überflüssig wurde

August 81

31. ULRIKE KUCKERO **Vom Huhn, das verreisen wollte** 82
Das Gleiche ist noch lange nicht dasselbe

32. **Die Blinden und der Elefant** 85
Jeder sieht nur einen kleinen Ausschnitt der Wirklichkeit

33. PETRA MARIA SCHMITT **Der verschwundene See** 86
Ein kleiner Indianer entdeckt das Geschichtenerzählen

34. **Die Schwalbe und das Meer** 88
Ein Herrscher begreift, dass man auch die unwichtigsten Untertanen gut behandeln soll

September 90

35. ISABEL ABEDI **Sieben auf einen Streich** 91
Kleine und Große brauchen einander

36. MANFRED MAI **An die Arbeit!** 94
Gegen schlechte Stimmung kann man etwas tun

37. LEONARDO DA VINCI **Die Ameise und das Weizenkorn** 96
Wunder brauchen meist ein wenig Zeit

38. EVELINE HASLER **Der Wortzerstückler** 98
Die Wahrheit braucht sich nicht zu verstecken

39. GERHARD IMBSWEILER **Modeerscheinung** 101
Wer immer im Trend sein will, schaut manchmal ganz schön komisch aus

Oktober 103

40. **Warum der Schakal heult** 104
... und wie es kam, dass der Hund ein Freund des Menschen wurde

41. DIETER INKIOW/ROLF RETTICH **Die Frage des Maharadscha**   106
Was die Menschen vor Jahrtausenden über die Erde dachten

42. **Das schönste Kind von allen**   108
Was wir mit Liebe anschauen, das gefällt uns am besten

43. KARL SIMROCK **Das Gegengeschenk**   109
Mit faulen Tricks kommt keiner weiter

44. JENS RASSMUS **Null Punkte**   112
Am besten bleibt man so, wie man ist

November   114

45. ERICH KÄSTNER **Der versalzene Gemeindeacker**   115
Wie die Schildbürger einmal Salz anpflanzen wollten

46. **Wie die Ziege zum Haustier wurde**   118
... und was das Wiederkäuen damit zu tun hat

47. KARIN JÄCKEL **Geisterlangeweile**   120
Wie eine schöne Aufgabe Schwung ins Leben bringt

48. HERBERT GÜNTHER **Eine ganz neue Geschichte**   122
Wie aus kleinen Erlebnissen wunderschöne Erzählungen werden

Dezember   125

49. CHRISTIANE SCHLÜTER **Annika und der Gnufl**   126
Was verloren geht, ist manchmal doch gut aufgehoben

50. SIGRID HEUCK **Der Esel und der Elefant**   129
Warum jeder ein bisschen anders aussieht als der andere

51. JOSEF GUGGENMOS **Warum es keine Weihnachtslärche gibt**   131
Eine Geschichte von Bäumen, ihren Namen und Eigenarten

52. DIETER INKIOW/ROLF RETTICH **Der Elefant und die Ameisen**   135
Wie das Wissen das Staunen ablöste

QUELLENVERZEICHNIS   138

Vorwort

FamiliensonntagsFrühstücksVorlesebuch! Dieses kleine Wortungetüm werden Kinder lieben. Es ist mindestens genauso schön wie *Donaudampfschifffahrtsgesellschaft*! Diese Worte malen Bilder!

Man sieht den Dampfer auf der blauen Donau, der ein weißes Wölkchen nach dem anderen in den Himmel pustet. Die Wellen umspielen den Bug, auf dem ein strahlender Kapitän steht, in blitzblanker Uniform, die Hand an den Schirm seiner Kapitänsmütze.

Das gibt es in keiner anderen Sprache: Durch das Zusammensetzen von Hauptwörtern entsteht ein neues Wort und beschreibt damit, genauer als viele Worte es könnten, ein Bild, ein Gefühl, eine Stimmung.

Nun also *FamiliensonntagsFrühstücksVorlesebuch*!

Was sehe ich?

Einen Tisch natürlich. Der kann in der Küche oder in der Ecke des Wohnzimmers stehen. Heute ist Sonntag, und auf dem Tisch liegt ein Tischtuch. Weiß? Rotkariert? Der Tisch ist gedeckt. Das hat wohl die Hausfrau gemacht. Ich sehe einen Brotkorb mit frischen Brötchen. Da war wohl der Hausherr schon bei der Tankstelle. Das *FamiliensonntagsFrühstücksVorlesebuch* liegt auf dem Tisch, neben der Marmelade und der Zuckerdose.

Die Familie hat heute Zeit.

Die Kinder, – ich stelle mir vor, dass eines der Kinder schon älter ist, das andere sitzt auf den Knien des Vaters, der morgens oft eilig wegmuss –, Kakao wird eingeschenkt, der Kaffee duftet – das alles sehe ich vor mir.

„Liest du mir eine Geschichte vor?", höre ich.

Das Buch wird aufgeschlagen.

Alles ist wie auf einem Bild.

Aber ich weiß auch, dass das Leben nicht gemalt wird. Es lässt sich nicht mit Aquarellfarben hintupfen.

Alles kann auch ganz anders sein.

Vater hat ein Fußballspiel mit seiner Altherrenmannschaft, seine Freunde warten schon auf ihn. Vater ist trotz seiner 37 Jahre immer noch ungemein torgefährlich. Mutter packt die Brote für ihren Sohn, der ein Handballspiel in der Kreisliga hat. Sehr wahrscheinlich muss Mama ihn zu einer Halle in einen der Vororte der großen Stadt fahren (ich weiß, wovon ich rede). Die Kleine, das Mädchen, hat noch ihren Pyjama an und will ihn auch nicht ausziehen, weil es so gemütlich ist. Also wird das Frühstück (leider) heruntergeschlungen und das Auto angelassen.

Das *FamiliensonntagsFrühstücksVorlesebuch* liegt ungeöffnet auf dem Tisch. Aber wie schön! Es ist schon recht abgegriffen und hat kleine Fettflecke auf dem Einband. Das kommt daher, dass aus dem Buch vorgelesen wird. Wenn immer, wann immer.

Aus dem Frühstücksvorlesebuch kann auch ein „Mittagstischvorlesebuch" oder ein „Abendbrottischvorlesebuch" werden.

Das Buch liegt immer da, bereit, geöffnet zu werden.

Sich die Zeit für ein gemeinsames Frühstück am Sonntagmorgen zu nehmen gehört für mich zu den schönsten Gemeinsamkeiten einer Familie.

Mir gefällt das freiwillige Einhalten von gewissen Ritualen und sinnvollen Traditionen. Und ich meine, dass das Einhalten von gemeinsamen Mahlzeiten nur dann seinen schönen Sinn erfüllt, wenn man die Stunde nützt. Es geht nicht nur um das Essen, das Trinken oder das Gespräch über die Qualität des Sonntagsbratens zu, sondern es ist die Möglichkeit, über sich selbst zu sprechen und den anderen, die mit am Tisch sitzen, wirklich zu begegnen. Man sollte den Wunsch haben – manchmal gehört auch ein bisschen Mut dazu –, von sich selbst zu erzählen, um so auch von den anderen in der Familie zu erfahren.

Vorlesen ist ja nichts anderes als ein Weitergeben. Vorgelesen bekommen ist ja nichts anderes als ein Zuhören. Fragen werden von Kindern gestellt, Antworten müssen die Erwachsenen finden. Oft sind wir, die so genannten „Großen", selber noch Kinder, wissen keine Antworten und sind überrascht, wenn wir die Antworten in aller Klarheit und Einfachheit von den „Kleinen" bekommen. Denn Kleine und Große brauchen einander.

Dieses *FamiliensonntagsFrühstücksVorlesebuch* möge eine Brücke zu jeder Tageszeit und jeder Mahlzeit sein –, um sich auf ihr zu begegnen und zu umarmen.

Ihre
Senta Berger

JENS RASSMUS

Abkühlung

Mit einer richtigen Dusche wird jeder Morgen schön

Der Fuchs wurde vom Rasseln des Weckers aus seinen Träumen gerissen. „Ruhe!", murmelte er. Der Wecker rasselte weiter.

„Ich warne dich!", fauchte der Fuchs. Der Wecker hörte nicht auf.

Da sprang der Fuchs aus dem Bett, nahm den Wecker und schmiss ihn mit aller Wucht gegen die Wand, dass die Batterien herausfielen und kreuz und quer durch die Höhle rollten. „Das hast du jetzt davon", bemerkte der Fuchs grimmig. Dann putzte er sich die Nase, denn er war immer noch erkältet.

„Igittigitt", entfuhr es ihm beim Anblick seines vollgerotzten Taschentuchs. Er ließ es zu Boden fallen und ging in seine Kochecke, um sich einen Kakao zu machen. Er nahm die Dose mit dem Kakaopulver aus dem Wandschrank. Dann goss er Milch in einen Topf, der auf dem Herd stand. Als er die Dose mit dem Kakao zurückstellen wollte, stieß er sich den Kopf an der offenen Schranktür.

„Autsch!", heulte der Fuchs auf. „Na warte!"

Er holte den Fuchsschwanz aus seiner Werkzeugkiste und sägte der Tür alle Ecken ab. „So!", sagte er zufrieden.

Inzwischen war die Milch übergekocht. Hastig nahm der Fuchs sie von der Herdplatte und verbrühte sich dabei die Vorderpfote. „Kannst du nicht aufpassen?", keifte er und trat gegen den Herd. Die Lust auf eine Tasse Kakao war ihm vergangen. „Nur raus hier!", dachte er.

Doch auf dem Weg nach draußen rutschte er auf seinem Taschentuch aus und knallte mit der Nase gegen den Kleiderschrank. Kochend vor Wut nahm er alle Kraft zusammen, stemmte den Schrank in die Höhe und schleuderte ihn zu Boden. Dann marschierte er nach draußen, wobei er mit Genugtuung hinter sich auf den zerborstenen Kleiderschrank blickte. So sah er nicht, dass vor seinem Bau gerade das Kaninchen vorbeiging. Sie stießen zusammen und fielen beide der Länge nach ins Gras. Dem Fuchs rauchte die Wut aus den Ohren. „Hast du keine Augen im Kopf, du Braten?" Eilig hoppelte das Kaninchen davon. „Ich fress dich nachher auf!", rief ihm der Fuchs hinterher. Dann lief er weiter bis zu einem freien Feld. Die Sonne stand hoch am Himmel, und es war still. Wie wild rannte der Fuchs zehnmal bis zum Ende der Wiese und wieder zurück, bis er völlig erschöpft alle viere von sich streckte und augenblicklich einschlief. Nach einer Stunde wachte er wieder auf. Er fasste sich an die Nase, denn sein Gesicht glühte wie Feuer. Er hatte einen Sonnenbrand!

„Dir werd ich's zeigen!", schrie der Fuchs die Sonne an und drohte mit seinen Fäusten gen Himmel. Dann rannte er zurück in seinen Bau, wo er unter der Spüle einen Gartenschlauch aufbewahrte. Er schloss das eine Ende an den Wasserhahn an und zerrte das andere auf die Wiese. „So, mein Freund", knurrte er, den Schlauch in die Höhe haltend. Ein mächtiger Wasserstrahl schoss nach oben – und regnete wieder herab. Direkt auf den Fuchs. Der rührte sich nicht. Er stand reglos auf der Wiese und hielt den Schlauch hoch, bis das Wasser sein Fell durchtränkt hatte wie einen Schwamm.

Er fühlte sich seltsam leicht und vergaß ganz, den Schlauch zu bestrafen. „Wie angenehm", dachte er.

Wie die Tiere dafür sorgten, dass es Sonne und Mond gibt

Durch Ausprobieren lassen sich Probleme am besten lösen

Zuzeiten, als es noch keine Sonne und keinen Mond gab, mussten die Tiere in völliger Dunkelheit leben. „Wir brauchen etwas, was uns Licht gibt", sagte der Dorfälteste unter den Tieren und er berief eine Versammlung ein.

„Einer von uns soll zum Himmel aufsteigen und die Sonne sein", sagte das Stinktier.

„Einer von uns soll der Mond sein", sagte der Biber.

„Wer alles möchte die Sonne sein?", fragte der Dorfälteste.

„Wir brauchen nur eine einzige Sonne", sagten die Tiere. „Wir werden wählen, wer es sein soll."

Der Dorfälteste fragte das Stinktier nach seinem Vorschlag.

„Der Rabe soll die Sonne sein", sagte das Stinktier, und alle Tiere stimmten zu.

Der Rabe übernahm die Aufgabe: Früh am Morgen stieg er in den Himmel auf, überquerte das Land von Osten nach Westen und ging gegen Abend zur Erde nieder. Er kam heim ins Dorf.

„Der Rabe kann nicht die Sonne sein", sagte das Stinktier. „Ich hätte ihn nicht wählen sollen." Und der Biber sagte: „Der Rabe ist zu schwarz."

„Der Himmel war genauso schwarz wie in der ganzen Zeit vorher. Er gab uns überhaupt kein Licht", meinten die anderen Tiere.

„Nun gut", sagte der Dorfälteste. „Wer soll dann die Sonne sein?"

Die Tiere schauten einander an. Das Stinktier schaute zum Biber, die Fledermaus schaute zum Reh, die Lerche schaute zum Truthahn.

„Lasst uns den Hühnerhabicht wählen", schlug der Biber vor. „Er ist ein großer Vogel und seine Federn sind nicht so schwarz wie die des Raben." Alle Tiere waren damit einverstanden.

Am nächsten Morgen begann der Hühnerhabicht Sonne zu spielen. Er erhob sich im Osten. Er zog seine Bahn und ging im Westen nieder. Dann kam er zurück ins Dorf.

„Nein", sagten alle Tiere, „der Hühnerhabicht kann es auch nicht sein."

„Der Hühnerhabicht macht den Himmel gelb", sagte die Fledermaus.

„Der Himmel war so gelb, als wollten schreckliche Unwetter aufziehen", sagte der Truthahn.

„Lassen wir den Präriewolf einmal Sonne spielen", sagten die Tiere, und der Präriewolf war einverstanden.

Am nächsten Morgen stieg er im Osten auf. Gegen Mittag stand er am Himmel genau über dem Dorf, und es war so heiß, dass die Tiere ihr Essen ohne Feuer kochen konnten. Als er am späten Nachmittag im Westen niederging, war es den Tieren immer noch zu heiß. Sie gingen hinunter zum Fluss, um zu schwimmen. Der Biber sprang hinein und sprang genauso schnell wieder heraus.

„Das Wasser ist so heiß, dass wir gesotten werden, wenn wir darin schwimmen", sagte er.

„Der Präriewolf darf auch nicht die Sonne sein", entschieden die Tiere und warteten auf seine Rückkehr.

„Du hast uns fast zu Tode gesengt", warfen sie ihm vor. „Du kannst nicht die Sonne sein."

Zwei Kinder hatten davon gehört, dass die Tiere versuchten, die Sonne zu spielen.

„Wir möchten auch Sonne spielen", baten sie ihre Mutter.

„Das dürft ihr von mir aus", sagte die Mutter, und die beiden Kinder gingen zum Dorf der Tiere.

„Wir möchten bei euch mitspielen", sagte der ältere der Brüder zu dem Dorfältesten.

„Wir beide möchten Sonne spielen", sagte der jüngere Bruder.

„Wir werden es erst mit einem von euch versuchen", sagte der Dorfälteste. „Der Ältere kommt zuerst dran."

Am nächsten Morgen erhob sich der ältere Bruder am östlichen Himmel. Den ganzen Tag über reiste er als Sonne über den Himmel.

„Der ältere Bruder macht seine Sache gut", sagten die Tiere.

„Er ist nicht zu heiß, und er ist nicht zu hell."

„Ich möchte aber auch Sonne spielen", bat der jüngere Bruder.

Der Dorfälteste schaute zu ihm hin. „Wir haben bereits eine Sonne gewählt, und eine weitere brauchen wir nicht."

„Er könnte während der Nacht Sonne spielen", sagte der Biber.

„Wenn der ältere Bruder schläft", fügte das Stinktier hinzu.

So stieg der jüngere Bruder ebenfalls in den Himmel auf, und wenn der ältere Bruder sich im Westen in sein Haus zurückzog, spielte der jüngere Bruder Sonne.

„Er ist eine sehr gute Nachtsonne", sagten die Tiere. „Er ist nicht so warm wie die Tagessonne. Er scheint auch nicht so hell. Er ist gerade richtig."

„Wir werden ihn Mond nennen", entschied der Dorfälteste.

„Und von nun an darf keiner mehr Sonne spielen. Und keiner darf Mond spielen", beschlossen die Tiere.

Und dabei ist es geblieben.

KLAUS-PETER WOLF
Kapitän Hakenhand
Etwas Abenteuer braucht jeder – und etwas Ruhe auch

Der Piratenkapitän Hakenhand hat nur noch eine Hand. Da, wo früher seine linke angewachsen war, ragt heute nur noch ein Eisenstumpf aus dem Hemd. Der spitze Haken daran lässt Kapitän Hakenhand gefährlich aussehen. Viel gefährlicher, als er in Wirklichkeit ist.

Kapitän Hakenhand ist schon siebzig Jahre alt. Er hat langsam genug von der Seeräuberei. Besonders von dem Geschaukele an Bord bei starkem Wellengang. Kanonendonner tut in seinen Ohren weh, und vom Pulverdampf kriegt er Husten. Er will jetzt endlich seine Ruhe haben und nicht länger rauben und gegen Seeungeheuer kämpfen. Er will keine Schiffe mehr versenken und erst recht keine Häfen plündern. Aber wie soll er das machen? Er hat doch nichts anderes gelernt. Von irgendwas muss er schließlich leben. Soll der Piratenkapitän etwa betteln gehen?

Heute ist ein wichtiger Tag für Kapitän Hakenhand. Denn heute beantragt er seine Rente. Wenn man sich sein ganzes Leben lang so abgerackert hat wie er, dann will man schließlich im Alter etwas davon haben. Zumindest ein bisschen Anerkennung und ein gutes Auskommen. Kapitän Hakenhand wartet zusammen mit dreizehn anderen Rentnern in einem schmalen Flur. Es ist nicht einmal für jeden ein Sitzplatz da. Ein Piratenkapitän ist es weder gewöhnt zu warten noch zu stehen. Zornig stampft der Kapitän auf und brüllt durch den Flur: „Niemand sitzt, solange der Kapitän steht!" Alle sehen ihn an. Aber keiner steht auf. „Dann eben nicht", sagt Kapitän Hakenhand und klopft beleidigt mit seiner Eisenhand an die Tür.

„Mach auf! Kapitän Hakenhand steht vor den Toren!"

„Ich hab' Mittagspause!", tönt es von drinnen. So eine Frechheit hat sich Kapitän Hakenhand gegenüber noch nie jemand erlaubt. Er tritt die Tür ein und droht mit dem Haken an seiner Eisenhand.

„Leg dein Leberwurstbrot weg und sei schön artig, sonst werfe ich dich über Bord! Als Haifischfutter!"

„Ja … ich … ähm … Wer sind Sie überhaupt?"

„Ich bin Kapitän Hakenhand. Hast du etwa noch nichts von mir gehört, du Wurm, du?"

„Doch, natürlich", lügt der Beamte und hofft nur, den Spinner bald loszuwerden. „Also, was kann ich denn für Sie tun, Kapitän Hakenhand?"

„So ist's schon besser", nickt der Kapitän. „Aber ein bisschen unterwürfiger solltest du schon reden – bevor ich dich auspeitschen lasse."

„Was wollen Sie denn überhaupt?"

„Rente."

„Rente?"

„Ja, oder glaubst du Mehlsack, sonst käme ich höchstpersönlich hierher?"

„Ja, aber das geht so einfach nicht. Da brauche ich Papiere. Wer war Ihr Arbeitgeber?"

Kapitän Hakenhand spuckt auf den Boden. „Arbeitgeber? Pah! Willst du mich beleidigen? Das Maß ist gleich voll! Ein Piratenkapitän arbeitet nicht für andere Leute. Er raubt sie höchstens aus." Der Beamte stöhnt. „Haben Sie denn wenigstens in die Rentenversicherung eingezahlt?"

„Nein!", ruft der Kapitän. „Natürlich nicht. Ich habe Schiffe versenkt und auf allen Meeren Angst und Schrecken verbreitet. Ist das etwa nichts?"

„Ach so. Na klar. Das verstehe ich gut. Aber dann gibt es auch keine Rente." Wütend knallt Kapitän Hakenhand die Tür hinter sich zu. Als er durch den Flur stampft, hält ein alter Mann ihn an und sagt:

„Entschuldigung, ich habe das Gespräch mit angehört. Sind Sie wirklich Kapitän Hakenhand? Der berühmte Kapitän Hakenhand?"
„Jawohl. Der bin ich. Und wer sind Sie?"
„Ach, ich bin nur ein alter, einsamer Mann. Ein Rentner."
Da staunt der Kapitän. „Rentner? Wie haben Sie das nur geschafft?"
„Nun, ich habe mein Leben lang Post ausgetragen."
„Hm. War das denn nicht furchtbar langweilig? Haben Sie nie geraubt und geplündert? Nie richtige Abenteuer erlebt?"
Der alte Postbote schüttelt den Kopf. „Nein. Nie. Ich habe nur von Abenteuern geträumt und gelesen. Wirklich erlebt habe ich sie nie."
„Hätten Sie Lust dazu?"
„Na klar."
„Ich habe die Nase voll. Ich will am liebsten gar nicht mehr auf mein Schiff zurück." Eine Weile schweigen sich die beiden Männer an. Dann beschließen sie, einfach zu tauschen.
Seitdem macht ein ehemaliger Postbote die Weltmeere unsicher, während ein ehemaliger Piratenkapitän im Stadtpark die Tauben füttert. Niemandem fällt das wirklich auf. Nur manchmal wundern sich die Leute über den Eisenhaken an der linken Hand eines einsamen Rentners.

JAMES THURBER
Das kleine Mädchen und der Wolf
Wie gut, wenn man sich wehren kann!

Eines Nachmittags lauerte in einem finsteren Wald ein großer Wolf darauf, ob nicht ein kleines Mädchen vorüberkäme, das mit einem Korb voller Speisen zu seiner Großmutter wollte. Schließlich kam tatsächlich ein kleines Mädchen vorüber, und es hatte auch einen Korb voller Speisen bei sich. „Trägst du den Korb da zu deiner Großmutter?", fragte der Wolf. Das kleine Mädchen antwortete: „Ja." Da fragte der Wolf das Mädchen, wo seine Großmutter denn wohne, und kaum hatte das kleine Mädchen es ihm gesagt, da verschwand er im Wald.

Als das kleine Mädchen wenig später die Tür zum Haus seiner Großmutter öffnete, sah es, dass jemand in einem Nachthemd und mit einer Nachthaube auf dem Kopf im Bett lag. Das Mädchen war noch sieben oder acht Meter vom Bett entfernt, als es schon erkannte, dass das nicht seine Großmutter war, sondern der Wolf, denn selbst mit einer Nachthaube auf dem Kopf ist der Wolf einer Großmutter nicht ähnlicher als der Metro-Goldwyn-Mayer-Löwe* unserem Präsidenten Calvin Coolidge**. Also nahm das kleine Mädchen einen Revolver aus seinem Korb und schoss den Wolf tot.

Merke: Kleine Mädchen lassen sich heutzutage nicht mehr so leicht für dumm verkaufen wie früher.

* Der Metro-Goldwyn-Löwe ist das Symboltier der Filmproduktionsgesellschaft MGM.

** Calvin Coolidge war zu der Zeit Präsident der USA, als James Thurber diese Erzählung schrieb.

HANNA HANISCH

Von der großen Wut des kleinen grauen Elefanten

Wie das Glück die Wut zum Verschwinden bringt

Der kleine graue Elefant war wütend. Er war so wütend, dass ihm der Bauch wehtat. In einem Elefantenbauch ist eine Menge Platz für Wut. Dick und schwer und schwarz steckte die Wut im Elefantenbauch. Warum war er nur so wütend?
Am Morgen war ihm ein Baumstamm aus dem Rüssel gerollt. Er sollte ihn wegtragen, aber der Baumstamm war auf die Erde gefallen. Alle hatten ihn ausgelacht.
„Du bist ein Tolpatsch!" „Ein richtiges Trampeltier!" „Wo du hintrittst, da wächst kein Gras mehr." „Du benimmst dich wie ein Elefant im Porzellanladen."
Solche dummen Sprüche musste er sich anhören.
Jeden Tag. Aber heute reichte es ihm!
Er ging zu Tante Daniela. Die hatte nicht gelacht. „Was ist ein Porzellanladen?", fragte der Elefant.
„Ein Laden, wo Porzellan verkauft wird", sagte Tante Daniela.
„Und was ist das, Porzellan?"
„Etwas, woraus eine Menge Sachen gemacht sind: Tassen und Teller, Schüsseln und Schalen, auch kleine Vasen und allerlei Krimskrams.
Es ist zerbrechlich. Wenn es auf die Erde fällt, geht es kaputt."
„Wie benimmt sich ein Elefant im Porzellanladen?", wollte der Elefant wissen.
„Schlecht", sagte Tante Daniela. „Er zertrampelt alles in tausend Scherben."

„Vielen Dank!", sagte der Elefant. „Jetzt weiß ich Bescheid. Ich werde in die Stadt gehen und mir einen Porzellanladen ansehen."

Tante Daniela hob drohend den Rüssel. „Was hast du vor, kleiner Kerl? Die Stadt ist gefährlich. Deine Mutter wird dir eins mit dem Rüssel geben."

„Prooooooh!", machte der Elefant. Etwas von der großen schwarzen Wut zischte aus seinem Bauch. Es wurde ihm leichter ums Herz.

In der Stadt war es eng und laut. Die Autofahrer rasten durch die Straßen und hupten. Aber sie ließen dem Elefanten die Vorfahrt. So trampelte er bis zur Fußgängerzone.

Hier war es noch enger. Die Leute drängten sich dicht an die Häuser, doch der Elefant trat keinem Menschen auf die Füße.

Ein Junge mit gelber Schulmütze bot ihm sein Pausenbrot an.

„Wo gibt es einen Porzellanladen?", fragte der Elefant.

„Du stehst gerade davor", sagte der Junge mit der gelben Mütze.

HAUSHALTSWAREN UND GESCHENKE las der Elefant auf dem Ladenschild. Also drückte er die Ladentür auf. Ding-dong machte die Glocke. Jemand schrie: „Ein Elefant im Porzellanladen! Polizei!" Der Verkäufer rannte zur Hintertür hinaus.

Der Elefant stand im Laden. Ganz allein. Er schaute sich um: Überall stand Porzellan, auf Regalen, auf großen und kleinen Tischen, in Glasschränken, auf dem Fußboden. Langsam ließ der Elefant sich auf sein Hinterteil nieder. So saß er lange und betrachtete alles.

„Was für hübsche Sachen!", dachte er. „Alles so klein und puppig!"

Am Schaufenster draußen drückten sich die Leute die Nasen platt. Sie waren sehr aufgeregt. „Gleich gibt es Scherben! Er wird alles kurz und klein trampeln! Das gibt einen Schaden von hunderttausend!"

„Wenn er sich nur nicht weh tut", sagte ein älterer Herr. „Elefanten sind sehr empfindlich."

„Überhaupt nicht!", rief da ein anderer. „Dickhäuter sind das. Es macht ihnen nicht die Bohne aus, wenn was kaputtgeht."

Von alldem hörte der Elefant nichts. Er betrachtete das bunte Porzellan. Langsam streckte er den Rüssel aus.

„Gleich knallt es!", jubelte der Junge mit der gelben Mütze.

Aber es knallte nicht.

Der Elefant tastete mit dem Rüssel in eine Bodenvase. Er befühlte eine runde Dose. Er streichelte einen Teller. Es gefiel ihm alles. Er schniefte vor Freude.

Ein chinesisches Teegeschirr zitterte leicht.

Da hielt der Elefant die Luft an. Dann befühlte er etwas, das gefiel ihm besonders: eine kleine Vase mit geflochtenem Henkel und mit grünen Zweigen bemalt. Er umschloss die Vase mit seinem weichen Rüsselwulst. Fast verschwand sie darin.

Dann erhob er sich von seinem Hinterteil und vorsichtig, auf weichen Elefantensohlen, stapfte er aus dem Laden, die kleine Vase im Rüssel.

So stapfte er durch die Menschenmenge, hinaus aus der Stadt.

„Gut gemacht, Dicker!", riefen die Leute. „Nicht eine Tasse ist kaputtgegangen."

Zu Hause legte der Elefant die kleine Vase vor Tante Danielas Füße.

„Da! Sie ist für dich. Ich habe sie aus dem Porzellanladen geholt."

Tante Daniela berührte sanft die Vase. „Oh, mein Kleiner! Echtes Porzellan. Ganz ohne Sprung. Und du hast es ganz allein hergebracht. Was bist du doch für ein tüchtiger Kerl!"

Sie gab ihm einen Kuss von Rüssel zu Rüssel.

Das Herz des kleinen grauen Elefanten hämmerte vor Glück, während der letzte Rest der großen schwarzen Wut aus seinem Bauch entwich.

ACHIM BRÖGER
In Wirklichkeit war es anders
Jede Suche kommt einmal an ihr Ziel

Ein Junge saß am Fluss. Die Sonne schien und ließ das Wasser blitzen und funkeln. Da hinten wachsen die Ufer zusammen. Dort wird der Fluss immer schmaler, stellte sich der Junge vor, obwohl man ihm gesagt hatte: „Das sieht nur so aus. In Wirklichkeit ist es anders." Aber er glaubte das nicht. Ganz deutlich sah er, dass da hinten die Ufer zusammenwuchsen. Und deswegen wollte er gerne wissen, wo diese Stelle war. „Ich suche sie", nahm er sich vor.
Lange ging er auf einem schmalen Weg am Flussufer entlang. Trotzdem blieb die Stelle, wo der Fluss schmal wurde, immer weit vor ihm. Komisch, dachte er, obwohl ich gehe und gehe, komme ich nicht näher.
Er traf einen Mann. „Guten Tag", wünschte der Junge. „Ich suche die Stelle, wo der Fluss dünn wie ein Strich wird. Ich sehe sie immer vor mir. Aber wo finde ich sie?"
Der Mann lachte und fragte: „Du bist doch schon groß. Weißt du nicht, wie das in Wirklichkeit ist?"
„Nicht genau", antwortete der Junge. „Und ich glaube auch nicht alles, was man mir erzählt. Und vieles verstehe ich nicht."
„Na, dann such nur", sagte der Mann kopfschüttelnd und ging weiter.
Der Junge fragte noch einige Leute. Sie lachten über ihn, weil er es nicht wusste oder nicht glaubte, was sie alle wussten. Und einige sagten: „Die Stelle gibt's nicht." Oder sie sagten: „Wir haben keine Zeit für solchen Unsinn."
Darüber ärgerte sich der Junge. Und er suchte immer weiter, bis es dunkel wurde. Da kam er zu einem Haus. Davor saß ein Mann am Bootssteg

und sah über das Wasser. Und der Junge fragte auch ihn: „Ich suche die Stelle, wo der Fluss schmal wird. Ich sehe sie immer vor mir. Kannst du mir sagen, wo ich sie finde?"

Der Mann lächelte und sagte: „Ich weiß nicht, wo sie ist und wo du sie findest. Aber ich habe viel Zeit, denn ich bin schon ziemlich alt. Ich würde die Stelle gerne mit dir suchen."

Da war der Junge nicht mehr allein. Und er freute sich. Der Mann holte eine Mundharmonika aus dem Haus und das Fernrohr. Dann packten sie viele Dinge in das Boot des Mannes, warfen den Motor an und fuhren los.

Nebeneinander standen sie im Boot. Manchmal sangen sie. Oft sagten sie: „Da vorne ist die Stelle." Dann starrten sie durch das Fernglas. Aber sie kamen nie bis dorthin. Im Gegenteil, der Fluss wurde immer breiter. Schließlich war er so breit, dass er zum Meer geworden war. Jetzt schaukelten der Junge und der Mann auf dem riesigen Wasser. Und sie sahen, dass weit vor ihnen am Horizont Wasser und Himmel zusammentrafen. Auch diese Stelle wollten sie finden.

Am Abend ging die Sonne unter. „Sie versinkt im Meer", sagte der Junge. „Das zischt bestimmt." Da suchten sie auch die Stelle, wo die Sonne im Meer versank. Sie suchten, wo das Wasser und der Himmel zusammenstießen. Und sie suchten, wo der Fluss schmal wie ein Strich wurde.

Die beiden wurden Freunde und fühlten sich wohl in ihrem Boot. Sie unterhielten sich. Sie aßen und tranken miteinander. In der Nacht leuchteten sie mit der Taschenlampe über das Wasser. Das glitzerte dann wie die Sterne über ihnen.

Wenn das Wetter schön war, sprang der Junge ins Meer. Er schwamm und tauchte. Große Fische und Muscheln sah er. Sie kamen in Stürme, wild tanzte ihr Boot auf den Wellen.

Sie fuhren um die ganze Erde. Von einem Meer ins andere und durch

die Flüsse vieler Länder. Wo es schön war, blieben sie länger. Aber irgendwann fuhren sie weiter. Immer geradeaus. Die Stelle, wo der Fluss dünn wurde, wo die Sonne im Wasser versank und wo sich Wasser und Himmel berührten, fanden sie nirgends.

Als sie nach Hause kamen, sagten einige Leute: „Seid ihr dumm." – „So ein Blödsinn", meinten andere. Und wieder andere schimpften: „Ihr hättet in der Zwischenzeit etwas Nützliches tun können."

Da sahen sich der Junge und der Mann an und lächelten. „Immerhin", sagte der Junge. „Ich weiß jetzt, dass es die Stelle, die wir gesucht haben, nicht gibt. Aber ich weiß das nicht nur so, weil es mir jemand gesagt hat und ich es nachgesagt habe. Ich weiß es wirklich."

Der Mann nickte und sagte: „Wir haben viele Dinge gesehen. Delfine, Muscheln, die man ans Ohr halten kann und die einem etwas vorrauschen. Wir haben in warmem Wasser gebadet, in der Sonne gelegen und nachgedacht. Wir haben Menschen getroffen und mit ihnen gesprochen. Und außerdem sind wir lange zusammen gewesen. Schön war das."

Danach gähnten die beiden und gingen schlafen. Sie waren ja auch in Afrika, in Indien und noch weiter gewesen.

Und das macht müde.

Warum der Wolf im Wald lebt

... und wie es kam, dass er nicht mehr so freundlich ist wie einst

Vor langer, langer Zeit lebte der Wolf noch unter den anderen Tieren auf der Wiese. Er war ein freundlicher Geselle, der nur ein Problem hatte: Ständig knurrte sein Magen, ständig hatte er Hunger.

Also ging er zu zwei Widdern und sagte: „Ich habe furchtbaren Hunger. Ich werde einen von euch beiden verspeisen."

„Das ist schlimm", sagten die beiden Widder. „Wir wollen nur noch rasch die Wiese aufteilen, für unsere Kinder. Bleib einfach in Ruhe hier stehen, wir sind gleich zurück."

„Meinetwegen", sagte der Wolf und blieb in der Mitte der Wiese stehen. Ein Widder ging auf die eine Seite der Wiese, der andere Widder auf die andere Seite. Plötzlich senkten sie beide ihre Köpfe und rannten geradewegs auf den Wolf zu. „Hilfe!", rief der Wolf, als er die Widder von beiden Seiten auf sich zukommen sah. Schnell machte er sich aus dem Staub.

„Ich habe furchtbaren Hunger!", sagte der Wolf Stunden später zu einem Pferd. „Ich werde dich jetzt verspeisen!"

„Das ist schlimm", sagte das Pferd. „Aber ich habe einen großen Dorn in meinem hinteren linken Huf, den solltest du vorher herausziehen, sonst kannst du dich daran verletzen!"

„Meinetwegen", sagte der Wolf und bückte sich zu den Hinterbeinen des Pferdes.

Da gab ihm das Pferd einen Tritt, dass er hoch durch die Luft flog und unsanft auf der Wiese landete.

Alles tat ihm weh, als er langsam weiterging.

„Ich habe furchtbaren Hunger!", sagte der müde Wolf zu einem Schwein, das sich im Schlamm wälzte. „Ich werde dich jetzt verspeisen!"
„Das ist schlimm", sagte das Schwein. „Aber sieh nur, wie schmutzig ich bin. Ich will mich vorher im Fluss noch ordentlich waschen!"
„Meinetwegen!", sagte der Wolf und ging mit dem Schwein zum Fluss. Als er neben ihm beim Wasser stand, gab ihm das Schwein einen Stoß, und schon lag er im Wasser.
Die Strömung des Flusses riss ihn mit, und es dauerte eine Zeit, bis er sich endlich ans Ufer retten konnte.
„Jetzt reicht es aber!", sagte der Wolf, als er von oben bis unten nass aus dem Fluss stieg.
„Ab jetzt wird nicht mehr lange gefragt. Und ich übersiedle in den Wald, wo ich meine Ruhe habe vor Widdern, Pferden und Schweinen!"
Und so kommt es, dass der Wolf heute im Wald lebt und dass er nicht mehr so freundlich zu allen Lebewesen ist wie früher, vor langer, langer Zeit ...

GOTTHOLD EPHRAIM LESSING
Der Besitzer des Bogens
Das Schönste ist nicht immer das Praktischste

Ein Mann hatte einen trefflichen Bogen von Ebenholz, mit dem er sehr weit und sicher schoss und den er ungemein wert hielt. Einst aber, als er ihn aufmerksam betrachtete, sprach er: „Ein wenig zu plump bist du doch! Alle deine Zierde ist die Glätte. Schade!" – „Doch dem ist abzuhelfen!", fiel ihm ein. „Ich will hingehen und den besten Künstler Bilder in den Bogen schnitzen lassen." – Er ging hin; und der Künstler schnitzte eine ganze Jagd auf den Bogen; und was hätte sich besser auf einen Bogen geschickt als eine Jagd? Der Mann war voller Freude. „Du verdienest diese Zierraten, mein lieber Bogen!" – Indem will er ihn versuchen; er spannt, und der Bogen – zerbricht.

März

JHEMP HOSCHEIT

Was willst du später werden?

Wie ein Junge sich von niemandem die Laune verderben lässt

„Was willst du später werden?", fragt mich mein Vater.
Als ob ich das wüsste ...
„Was soll bloß aus dir werden!", sagt meine Mutter.
Tja! Was denn eigentlich?
Wie soll ich das jetzt schon wissen!
Mein Opa meint, als er so alt war wie ich, da hätte er es schon gewusst.
Er wurde Zollbeamter.
Warum soll ich Zollbeamter werden wollen, wenn alle Grenzen abgeschafft werden? Mein Onkel wurde Förster, und jetzt läuft er traurig in seinem sterbenden Wald umher.
Was soll ich später als Förster ohne Bäume?
„Was wird bloß aus dir", meckert unsere Nachbarin.
Vielleicht werde ich Lehrer: Freche Kinder wie mich wird es immer geben!
Oder Anwalt! Mein Lehrer behauptet nämlich, ich würde wie ein Anwalt reden ...
Nein! Nicht Anwalt!
Der meiner Eltern redet so viel, dass er sie bis aufs Hemd auszieht, und er weiß noch nicht einmal, ob ich nach der Scheidung zu meiner Mutter oder meinem Vater komme.
Vielleicht mache ich eine Ausbildung als Architekt!
Dann baue ich Wohnungen, dass vier Menschen – Mutter, Vater, Junge, Mädchen – Katze, Meerschweinchen – genügend Platz haben, um sich

aus dem Weg zu gehen, wenn sie sich mal in den Haaren liegen oder einander ans Leder wollen.
Ich werde Fußballspieler! Ja!
„Du und deine schmutzigen Kleider!", schimpft meine Mutter.
„Du treibst mich noch auf die Palme!"
In dem Fall könnte ich ja zur Berufsfeuerwehr, ich würde dann meine Mutter mit einer hohen Leiter wieder herunterholen.
„Und was soll denn schon aus dir werden?", fragt mich meine Oma.
„Bei dir ist doch Hopfen und Malz verloren!"
Und wenn ich ihr dann antworte: „Dann besorge ich mir eben Hopfen und Malz und werde Wirt!", dann schäumt sie vor Wut.
„Aus dir wird nie etwas Rechtes!", sagt meine Mutter. „Und wenn du so weitermachst, dann wirst du noch ein blaues Wunder erleben."
Nicht schlecht! Das wär doch was!
Ich werde Zauberer. Ich verwandle meine Eltern in Kinder, damit sie aufhören, solche dummen Fragen zu stellen, und ich, ich verwandle mich in einen Wissenschaftler von der Firma „Blauer Planet", die als Erste das Ozonloch repariert.
„Im Leben muss man versuchen, die erste Geige zu spielen", sagt mein Vater.
Die erste Geige! Wie doof!
Ich möchte gerne die erste Sologitarre in einer Rockband spielen, aber wegen des Krachs sind meine Eltern dagegen.
Sie mögen nur ihren Krach. Ihre ewigen Streitereien muss ich jeden Tag über mich ergehen lassen.
„Falls du dich nicht besserst", sagt meine Schwester, „wird Kleinholz aus dir gemacht!"
Au fein! Warum nicht!
Dann kann ich ja Schreiner werden und tischlere mir ein eigenes Pult,

einen eigenen Schrank und eigene Regale, dann brauche ich das nicht mehr alles mit meiner Schwester zu teilen.

„Du bekommst den ersten Preis als Faulpelz!", sagt mein Vater.

Den ersten Preis! ... Den ersten Preis! ...

Ich werde Filmschauspieler!

Und bringe den ersten Oskar nach Luxemburg als Man in Black.

Oder in Red. Egal! Vielleicht als neuer 007 ...: „My name is Bond. James Bond!"

Und dann kommen sie alle angelaufen:

die ganze Verwandtschaft,

die ganze Nachbarschaft,

und sagen, sie hätten immer schon gewusst, dass etwas Großes aus mir würde ...

Der Käfer und der Löwe

Jeder soll sein eigenes Ziel erreichen

Ein kleiner Käfer hatte endlich, nach vielen missglückten Versuchen, mit großer Mühe und Durchhaltevermögen die Spitze eines Grashalmes erreicht. Nun genoss er dort oben auf der Spitze die Sonne! Behaglich breitete er seine Flügel aus und spürte die Freude bis in den letzten Winkel seiner Käferseele.

Da kam ein Esel vorbei. „Du glaubst sicher, dass du auf der Spitze deines Grashalmes Bergluft einatmest?", sagte er höhnisch lachend. In diesem Augenblick kam ein alter Löwe vorbei. Auch er blieb stehen und schaute wohlwollend zu dem kleinen Tierchen auf dem Grashalm. „Alles Gute, kleiner Käfer", sagte er mit tiefer Stimme. „Du hast das Ziel deines Strebens erreicht. Nicht jedem Löwen gelingt das!"

MILENA BAISCH

Putzparty

Wie Musik einen traurigen Menschen wieder fröhlich macht

Jonas kramt nach seinem Schlüssel. Er will ganz schnell nach Hause, denn heute ist „Frau-Kugelschmitt-Tag". Einmal in der Woche kommt Frau Kugelschmitt und putzt in der Wohnung von Jonas und seinen Eltern.

Endlich hat Jonas die Tür aufgeschlossen. „Huhu!", ruft er ganz laut und schmeißt seinen Ranzen in die Ecke. Frau Kugelschmitt kommt in den Flur.

Jonas verbeugt sich vor ihr und fragt: „Darf ich Ihre Hand küssen, gnädige Frau?" So komisch redet er nur, wenn Frau Kugelschmitt da ist. Es ist eine Art Geheimsprache zwischen den beiden. Frau Kugelschmitt ist schon ziemlich alt. Darum weiß sie auch, wie die Leute früher geredet haben. Außerdem hat sie schon bei richtig vornehmen Familien geputzt. Aber heute antwortet sie nicht. Sie dreht sich einfach um und geht in die Küche. Jonas kann schon riechen, was es diesmal gibt. „Oh, Knödel, ich bin hocherfreut, gnädige Dame!", ruft er in die Küche. Doch Frau Kugelschmitt sagt immer noch nichts. Da geht Jonas zu ihr und merkt, dass sie leise weint.

„Ach, Jonas", seufzt sie und schnäuzt in ihr Taschentuch. „Mein kleiner Kanari ist gestorben."

Frau Kugelschmitt hat immer viel von Kanari erzählt. Er lebte in einem Käfig auf ihrer Fensterbank und hatte quietsch-gelbe Federn.

Jonas weiß gar nicht, was er sagen soll. „Eure Hoheit, ich bereite schon mal die Tafel!", sagt er dann einfach. Vielleicht freut Frau Kugelschmitt sich ja darüber. Wenn er und Frau Kugelschmitt tafeln, dann tun sie das

nicht wie gewöhnliche Leute. Das Essen steht bei ihnen nicht auf, sondern unter dem Tisch. Auf dem Tisch stehen nämlich schon die Stühle. Das macht Frau Kugelschmitt immer, damit sie besser wischen kann. Jonas nimmt die Decke und legt sie über die Stühle. Jetzt haben sie eine gemütliche Höhle unter dem Tisch. Dann deckt Jonas die Tafel mit allem, was dazugehört. Sogar zwei kunstvoll gefaltete Servietten legt er auf die Teller. „Exzellenz, die Knödel können kommen!", ruft er in die Küche.

Frau Kugelschmitt erscheint mit dem dampfenden Topf. Sie schnieft immer noch ein bisschen. „Nehmen Sie Platz, Gnädigste!", lädt Jonas sie ein. Aber das ist für Frau Kugelschmitt nicht so leicht. Jede Woche braucht sie ein bisschen länger, um ihren großen Hintern an den Tischbeinen vorbeizuschieben.

Dann machen sich die beiden über die Knödel her.

„Wissen Sie was, Frau Köchin? Ihre Knödel schmecken vorzüglich", sagt Jonas.

Da lächelt Frau Kugelschmitt endlich, denn „vorzüglich" findet Jonas alles, was sie kocht.

Nach dem Essen wischt Jonas sich mit der Serviette den Mund ab. „So", sagt er. „Und jetzt steigt die Putzparty!"

Frau Kugelschmitt zögert ein wenig.

„Ach, Jonas, mir ist nicht so nach Party."

Aber Jonas geht einfach zum Radio und dreht es ganz laut. Wenn er und Frau Kugelschmitt putzen, dann tun sie das nämlich auch nicht wie gewöhnliche Leute. Er schnappt sich den Staubwedel und hält ihn vor seinen Mund wie ein Mikrofon. Wenn im Radio jemand singt, dann singt Jonas auch. „Und eins und zwei und eins, zwei, drei, vier!" Jonas steht auf Rockmusik. Je schneller sie ist, umso schneller wirbelt der Staubwedel durch die Luft.

Frau Kugelschmitt ist in der Küche und wischt den Boden. Eigentlich mag sie Putzpartys sehr, aber heute ist sie ganz still. Jonas kann das verstehen, an so einem Tag!

„O nein!", ruft er plötzlich. „Schlager!"

Im Radio hat die Musik gewechselt. Schlager kann Jonas nicht ausstehen und darum macht er das Radio einfach aus. Im selben Moment hört er aus der Küche eine Stimme: Frau Kugelschmitt singt beim Wischen! Jonas geht zu ihr und guckt sie ungläubig an. „Sie sind ja gar nicht mehr traurig!"

Doch Frau Kugelschmitt lacht nur. „Mach doch die Musik wieder an! Das war so ein schönes Lied!"

Jonas rennt sofort zum Radio. Den ganzen Nachmittag lang singen und putzen die beiden weiter. Von Kanari erzählt Frau Kugelschmitt nichts mehr, und Jonas stellt auch keine Fragen. Er ist gerade voll und ganz mit Geschirrspülen beschäftigt, als die Wohnungstür aufgeht und seine Eltern nach Hause kommen.

„Also, Frau Kugelschmitt, wie Sie das immer machen!", sagt Jonas' Mama. „Sonst spült Jonas nie ab!" Da lächeln Frau Kugelschmitt und Jonas und zwinkern sich mit einem Auge zu.

BERTOLT BRECHT
Märchen

Manchmal träumen wir gerade von dem, was wir nicht haben

Es war einmal ein Prinz, weit drüben im Märchenlande. Weil er nur ein Träumer war, liebte er es sehr, auf einer Wiese nahe dem Schlosse zu liegen und träumend in den blauen Himmel zu starren. Denn auf dieser Wiese blühten die Blumen größer und schöner wie sonst wo.
Und der Prinz träumte von weißen, weißen Schlössern mit hohen Spiegelfenstern und leuchtenden Söllern*.
Es geschah aber, dass der alte König starb. Nun wurde der Prinz sein Nachfolger. Und der neue König stand nun oft auf den Söllern von weißen, weißen Schlössern mit hohen Spiegelfenstern. Und träumte von einer kleinen Wiese, wo die Blumen größer und schöner blühten denn sonst wo.

*Söller: offene Plattform oberer Stockwerke

GERDA WAGENER

Der klitzekleine Hase und seine Freunde

Woran man Freundschaft erkennt

„Wer einen Freund hat, der hat es gut", sagte der klitzekleine Hase zu sich selbst, „denn zu zweit geht alles besser!" Und dann schloss er sein Haus ab und machte sich auf den Weg zu den anderen Hasen, um einen Freund zu suchen.
Aber das war nicht so einfach.
„Pah", sagte der dicke Stanislaus, „du willst mein Freund werden? Dass ich nicht lache! Dazu bist du doch noch viel zu klein, klitzekleiner Hase! Komm wieder, wenn du gewachsen bist!" Und dann lachte er und lachte und hielt sich seinen dicken Wackelbauch.
„Freund?", mümmelte der hurtige Paul und sprang dabei eifrig in seiner Werkstatt umher, „dafür habe ich keine Zeit. Ich bin sehr beschäftigt, weißt du!"
Er malte, kleckste, pinselte und klebte an zehn Ostereiern gleichzeitig herum.
„Bis Ostern ist doch noch viel Zeit", sagte der klitzekleine Hase.
Aber der hurtige Paul hörte gar nicht mehr hin. Da wurde der klitzekleine Hase sehr, sehr traurig. Und weil er einmal auf dem Weg war, ging er einfach immer geradeaus weiter. Viele Tage lang ging er, ohne zu wissen, wohin. Eines Tages kam er zum Regenbogen.
Der klitzekleine Hase staunte. Noch nie hatte er etwas so Buntes und Schillerndes gesehen.

„Du bist weit gelaufen, klitzekleiner Hase", sagte der Regenbogen, „komm ein wenig zu mir und ruh dich aus!" Da legte sich der klitzekleine Hase mitten in das Rot-Gelb-Grün-Blau-Violett und freute sich, dass er den Regenbogen getroffen hatte. Er erzählte ihm, warum er unterwegs war, und der Regenbogen hörte zu. Lange Zeit verbrachten sie so miteinander. Und als sie sich voneinander verabschiedeten, da waren sie Freunde geworden. „Weil du mein Freund geworden bist, ist Freundschaft von jetzt an etwas bunt Schillerndes", sagte der klitzekleine Hase. Und der Regenbogen schenkte ihm zur Erinnerung einen Topf Regenbogenfarbe.

Der klitzekleine Hase ging weiter und weiter, und endlich kam er zur Sonne.

„Du bist weit gelaufen, klitzekleiner Hase", sagte die Sonne, „komm ein wenig zu mir und ruh dich aus." Da legte sich der klitzekleine Hase mitten in das Gold der Sonne, und die Sonne wärmte ihn.

Lange Zeit blieben sie so beieinander. Und als sie Abschied nahmen, da waren sie Freunde geworden. „Jetzt weiß ich, dass Freundschaft etwas Wärmendes ist", sagte der klitzekleine Hase. Und die Sonne schenkte ihm zur Erinnerung einen Topf mit Sonnengold.

Der klitzekleine Hase ging weiter und weiter, und schließlich kam er zum Mond.

„Du bist weit gelaufen, klitzekleiner Hase", sagte der Mond, „komm ein wenig zu mir und ruh dich aus." Da legte sich der klitzekleine Hase mitten in das sanfte Silberlicht des Mondes und schlief ein. Der Mond beschützte seinen Schlaf. Und als der klitzekleine Hase aufwachte, da waren sie Freunde geworden. „Weil du mein Freund geworden bist, ist Freundschaft von nun an etwas Sanftes und

Zärtliches", sagte der klitzekleine Hase und verabschiedete sich vom Mond. Und der Mond schenkte ihm zur Erinnerung einen Topf mit Mondsilber.

Der klitzekleine Hase ging weiter und weiter, und irgendwann war er wieder zu Hause. Er schloss seine Werkstatt auf, und weil es langsam Zeit dafür wurde, begann er, Ostereier zu bemalen. Er malte mit Regenbogenfarbe, Sonnengold und Mondsilber. Und er erinnerte sich an die bunte Lebendigkeit des Regenbogens, an das wärmende Gold der Sonne und an das sanfte Silber des Mondes.

Der klitzekleine Hase war sehr glücklich. Noch nie waren seine Ostereier so gut gelungen wie in diesem Jahr. Sie glänzten wie der Regenbogen, strahlten wie die Sonne und glitzerten wie der Mond. Und denen, die sie am Ostermorgen fanden, erzählten sie davon, wie gut es ist, Freunde zu haben.

April

Der kluge Sohn
Die kleinste Sache hat zuweilen die größte Wirkung

Ein alter Mann, der fühlte, dass sein Ende nahte, rief seine drei Söhne zu sich und sagte: „Ich kann meinen Besitz nicht durch drei teilen, denn was ich hinterlasse, ist nicht zu teilen. Darum habe ich beschlossen, alles demjenigen zu hinterlassen, der am klügsten ist und die klarste Einsicht besitzt. Auf dem Tisch liegt für jeden von euch ein Geldstück. Nehmt es. Wer etwas damit kauft, womit das Haus, in dem wir wohnen, ganz gefüllt werden kann, soll alles bekommen." Die drei Söhne zogen fort. Der älteste Sohn kaufte Stroh, aber das reichte nur bis zur Hälfte. Der zweite Sohn kaufte Säcke mit Federn, aber auch ihm gelang es nicht, das Haus zu füllen. Der jüngste Sohn kaufte etwas ganz Kleines: eine Kerze. Er wartete, bis es dunkel wurde, zündete die Kerze an und füllte so das ganze Haus mit Licht.

AESOP
Die Maus und der Löwe
Wie einmal eine Großzügigkeit belohnt wurde

Ein Löwe schlief in seiner Höhle. Um ihn herum spielten viele Mäuse. Eine von ihnen aber war auf einen hervorstehenden Felsen gekrochen. Da stolperte sie und fiel, wodurch der Löwe aufwachte. Schnell hielt er sie mit seiner gewaltigen Tatze fest.
„Ach, lieber Löwe", bat die Maus, „sei doch gnädig mit mir. Was kann dir mein Tod nützen? Schenk mir das Leben, und ich will dir meine Dankbarkeit erweisen."
„Gut!" sagte der Löwe und ließ das Mäuschen frei. Dann aber lachte er und dachte: „Das möchte ich einmal erleben. Wie kann ein kleines Mäuschen einem so großen Löwen Dankbarkeit erweisen?"
Nicht viel später, da lief das Mäuschen durch den Wald und suchte Nüsse. Da hörte es den Löwen kläglich brüllen. Sogleich lief es an die Stelle, wo der Löwe brüllte.
Es fand den Löwen in einem starken, dichten Netz. Jäger hatten es heimlich gespannt, um damit Tiere zu fangen. Die Stricke hatten sich so zusammengezogen, dass der Löwe weder seine Zähne noch die Stärke seine Tatzen gebrauchen konnte, um sie zu zerreißen und sich zu befreien.
„Warte, lieber Freund", sagte das Mäuschen, „jetzt kann ich dir helfen."
Es setzte sich dicht ans Netz und zernagte mit seinen feinen, scharfen Zähnen die Stricke, die um die Vordertatzen des Löwen geschlungen waren. Als diese frei waren, konnte der Löwe das übrige Netz zerreißen. So wurde er durch die Hilfe des kleinen Mäuschens wieder frei.

ROBERT GERNHARDT

Die Angstkatze

Es erfordert Mut, so richtig feige zu sein

Es war einmal eine sehr schöne, sehr weiße und sehr ängstliche Katze, die den lieben langen Tag über nichts weiter tat, als sich zu fürchten. Im Freien fürchtete sie sich vor unbekannten Tieren, im Hause vor unberechenbaren Menschen, und so kam es, dass sie die meiste Zeit in einem Pappkarton verbrachte, den sie durch Zufall im Keller entdeckt hatte. Dort, mit dem Rücken zur Wand und nach allen Seiten hin den Blicken entzogen, fühlte sie sich einigermaßen sicher, wenn auch nicht furchtlos. Denn kaum war die Katze wieder in den schützenden Karton gesprungen, da fürchtete sie bereits jenen Augenblick, an welchem sie ihn würde verlassen müssen, um sich irgendwo Nahrung zu suchen; und so war dafür gesorgt, dass sie wirklich rund um die Uhr Angst hatte.

Einige Zeit verging, ohne dass der Katze irgendetwas zugestoßen wäre, was ihre Angst gerechtfertigt hätte, da geschah es. Und als es geschah, da passierte es ausgerechnet dort, wo sie es am allerwenigsten erwartete. Gerade wollte die Katze nach einem kurzen Ausflug in ihren Karton zurückkehren, als ihr jemand mit bebender Stimme „Be… be…setzt!" entgegenrief.

„Wie … wie … bitte?", rief sie zitternd zurück. „Was … was … suchst du denn in meinem Karton?" – „Wie… wie…so in deinem?", erscholl es zurück. „Den habe ich gefunden!", und nun erst erkannte die weiße Katze, wer da im Karton saß, eine andere Katze nämlich, die bis auf einen weißen Brustlatz vollkommen schwarz war.

Wäre die weiße Katze nicht so schrecklich ängstlich gewesen, hätte sie sehr rasch begriffen, dass es sich bei ihrem Gegenüber ebenfalls um eine sehr furchtsame Katze handelte, um eine, die zitterte und stotterte und sich verkroch, genau wie sie selber. Doch da sie unglücklicherweise vor nichts mehr Angst hatte als davor, die schwarze Katze könne sie für ängstlich halten, war sie dermaßen damit beschäftigt, mutig zu wirken, dass sie gar keine Zeit fand, sich die schwarze Katze einmal genauer anzuschauen. Stattdessen sagte sie so drohend sie konnte: „Ich zähle jetzt bis drei. Wenn du dann nicht aus meinem Karton verschwunden bist, wirst du mich von einer anderen Seite kennenlernen, du schwarzer Drecksack. Eins ..."

Die weiße Katze machte eine lange Pause, in der Hoffnung, die schwarze Katze werde nach solch mutigen Worten unverzüglich den Karton verlassen. Doch da die beiden Katzen einander so ähnlich waren, war nun auch die schwarze Katze ausschließlich von der Furcht erfüllt, sie könne auf die weiße einen ängstlichen Eindruck machen, und deshalb antwortete sie drohend: „Hör zu, du mieser Mehlwurm – so kannst du vielleicht mit deinen Mäusen reden, aber nicht mit mir. Also zieh weiter, Weißwurst!"

„Zwei ...", sagte die weiße Katze, wobei sie das Wort, so gut es ging, in die Länge zog. Aber irgendwann ist auch die längste „Zwei" vorbei, und wieder musste die schwarze Katze irgendwas Mutiges sagen: „Mach mal halblang, du mickrige Made. Du bist doch vor Angst schon bleich wie die Wand. Also zieh Leine, Leichentuch!" Alles hätte die schwarze Katze der weißen sagen dürfen, nur nichts von Angst. Sofort sah sie sich gezwungen, besonders mutig zu erscheinen, „Drei!" zu schreien und „Dich bringe ich auf Null, traniger Trauerrand!", und dann kam es zum nun leider ganz und gar unvermeidlichen Kampf.

Um es gleich zu sagen: Ein großer Kampf wurde es nicht. Die beiden ängstlichen Katzen bissen, kratzten und schlugen sich, so gut es ging, doch der einzige, den es wirklich erwischte, war der, der zwischen ihnen stand und der den ganzen Streit ausgelöst hatte: der Pappkarton. Je länger die Katzen aufeinander einschlugen, desto mehr ging er in Fetzen, schließlich sanken auch noch die letzten Pappreste zu Boden, und unversehens saßen die beiden Katzen einander ohne jeden Schutz gegenüber. Erschreckt ließen sie die Pfoten sinken, verwirrt schauten sie einander an, dann aber – ja, was dann?

In Büchern nehmen solche Geschichten meistens ein gutes Ende – diese hier tut das leider nicht. Nein, die Katzen erkennen nicht, wie ähnlich sie einander sind. Nein, sie werden keine guten Freunde. Nein, sie lernen nichts aus der ganzen Geschichte, stattdessen werfen sie sich Beschuldigungen an den Kopf – „Du hast den Karton kaputtgemacht!" „Nein, du!" –, überbieten sie sich in Beleidigungen – „Schwarzenschwein!" „Schneeziege!" – haben sie beide Angst, Angst, Angst. Angst vor der eigenen Angst, Angst davor, weiter mutig sein zu müssen, Angst vor der Klopperei, die gleich wieder losgehen wird. Eigentlich schade.

Denn eigentlich ist die Geschichte der beiden Katzen ja sehr lehrreich. Eigentlich steckt in ihr eine schöne Moral verborgen. Aber welche? Das sollte jede Leserin/jeder Leser eigentlich selber herausfinden und niederschreiben. Nur Mut!

Moral:
Mein Vorschlag:
Wenn man nicht den Mut hat,
feige zu sein, ist die schönste Angst für die Katz.

LINDE VON KEYSERLINGK
Alles nur Könige?
Wenn jeder eine Aufgabe übernimmt, funktioniert's am besten

Gar nicht weit weg von hier gab es mal ein kleines Königreich. Dieses Königreich brauchte einen neuen König, denn der alte lag im Sterben. „Wer will nach mir König werden?", fragte der Alte. Und alle, alle riefen: „Ich, ich, ich."
„Aber wir brauchen doch nur einen, einen einzigen König. So gehört sich das. Wer von euch kann also am besten regieren?"
Und wieder riefen alle: „Ich, ich, ich."
„Heidekuckuck!", ereiferte sich der alte König. „So einigt euch doch. Ich hab nimmer lang zu leben."
„Wir sind uns einig", riefen da alle im Chor.
„Na also!" Der König seufzte erleichtert. „Warum nicht gleich so! Wer will also meine Krone?"
„Wir haben alle selbst unsere Kronen, Euer Majestät", antworteten hundert Stimmen bescheiden.
Der alte König stutzte einen Moment. „Ach, macht doch, was ihr wollt!", rief er dann ärgerlich. „Ich geh jetzt!" Sprach's und starb.
So gab es nun in dem kleinen Königreich hundert Könige und kein Volk. Das heißt, es gab auch hundert Königinnen, versteht sich. Die lebten nun alle in Pracht und Herrlichkeit, aßen, tranken, tanzten und lachten und schliefen am Morgen bis in die Puppen.
Am dritten Tag allerdings gab es keine Milch mehr zum Kaffee, keine Schlagsahne zum Kuchen und kein Jogurt zum Frühstück. Die Kühe brüllten auf der Weide, weil sie ihre Milch nicht loswurden. Was tun?

Zwei Könige erklärten sich bereit, die Kühe zu melken, und zwei Königinnen sahen sich in der Lage, Schlagsahne und Jogurt zuzubereiten. „Milchkönige", spotteten die anderen. Aber ihnen fiel doch ein Stein vom Herzen.

Am vierten Tag gab es kein Brot mehr, keinen Kuchen und keine Hörnchen zum Frühstück. Zwei Königinnen wussten, wie man Streuselkuchen backt, und sie stellten ihre Männer zum Ofenheizen und Teigkneten an. Bald zog wieder der süße Duft von frisch Gebackenem durch das kleine Königreich.

„Kuchenköniginnen", spotteten die anderen, aber ihnen fielen gleich zwei Steine vom Herzen.

Am fünften Tag gab es kein Fleisch mehr. Die Könige gingen zwar gerne auf die Jagd, aber wer sollte den Braten, die Wurst und die Pasteten zubereiten? So machten sich zwei Königspaare daran, alte Rezeptbücher zu studieren und sich der Metzgerei zu widmen. Das waren die Wurstkönige, und sie hängten gleich ein entsprechendes Wappen vor ihre Tür.

Am sechsten Tag – das könnt ihr euch ja denken – gab es rein gar nichts mehr. Es war höchste Zeit, dass sich mal jemand des Gemüsegartens, der Fischerei und des Hühnerhofes annahm. Außerdem brauchte man Spitzenklöpplerinnen, Schneider, Schuster, Ärzte und Rechenlehrerinnen. So kam es, dass bald jede Königin und jeder König eine kleine Nebenbeschäftigung hatte, ein Hobby, das ihr Leben interessanter und gemeinnütziger machte.

Es gab sogar einen, der auf der Straße Kunststücke vorführte, Kopfstand und so. Das war der Bettelkönig und er war sehr beliebt. Seine Frau war Sängerin und konnte mit ihren tragischen Liedern alle zu Tränen rühren, selbst die Krokodile.

Jeden Abend reinigten die Königinnen und Könige ihre Kronen von Mehlstaub, Milchflecken und Hühnermist. Dann tanzten und feierten sie miteinander, regierten und ließen es sich wohl sein. Morgens schliefen sie weiter bis in die Puppen, denn in diesem kleinen Königreich fing nichts vor zehn Uhr an. Das war ein Leben!

Also, Kinder: Wenn ihr mal jemandem begegnet, der Schneider, Bäcker oder Straßenbauingenieur ist, aber König heißt – na, dann wisst ihr ja Bescheid.

Mai

Vom Bäuerlein, das Winter und Frühling in seine Dienste nahm

Jede Jahreszeit hat ihren Sinn

Es war einmal ein Bäuerlein, das kam gerade dazu, als sich Winter und Frühling in den Haaren lagen. Jeder behauptete: „Ich bin der Beste, mir gehört das Land!" Das Bäuerlein wurde angerufen, den Streit zu entscheiden.

„Tretet einstweilen beide in meinen Dienst!", sprach das Bäuerlein, „dann sieht man schon, wer von euch am meisten taugt. Sucht euch eure Arbeit selber, ich mag euch nicht befehlen!"

„Gut", sprach der Winter, „ich lockere dir die harte Erde mit meinem Frost und bringe dir so viel Ungeziefer um, wie ich erwischen kann, die bösen Mäuse in ihren Löchern und die Raupen und Käfer unter der Baumrinde!" Und er ließ es frieren, dass Gott erbarm.

„Halt ein, du Grobian!", rief der Frühling, „du wärst imstande und tötest dem Bauern das junge Korn auf dem Felde, wenn ich die Not nicht milderte!" Und er hauchte einen milden Südwind übers Land.

„Lass mich nur gewähren, Grünschnabel", brummte der Winter dagegen, „dem Korn gebe ich eine feine, weiße Decke!" Damit ließ er es schneien, was nur vom Himmel herabwollte. Flink zogen die Bauernkinder den Schlitten aus dem Schuppen, vergnügten sich mit Schneeballwerfen und bauten einen gewaltigen Schneemann, der wurde so schön, dass sogar der Bauer schmunzelnd ihrem Treiben zusah. „Hei", lachte der Winter, „ich bin der Beste, ich habe gewonnen."

Der Frühling sagte nichts dazu. Aber in der Nacht schlich er sich herbei, blies und blies und brachte den Schnee zum Schmelzen und ließ die kleinen Schneeglöcklein ihre Köpfchen hervorstrecken. Dann weckte er die jungen Weidenkätzchen auf und schickte die Bienen auf die Honigreise, gebot den Zugvögeln heimzukehren und ließ sie ihre schönsten Lieder singen. Er machte die Kornhalme sich strecken nach dem ersten warmen Regen und sagte der Bäuerin Bescheid, sie dürfe Erbsen legen und säen und pflanzen nach Herzenslust. Die Kinder und Kälber aber lockte er auf die grüne Wiese, und als alles draußen sang und sprang und jubelte, ging er zum Bauersmann und fragte: „Nun, wer ist der Meister, der alte Griesgram Winter oder ich?"

„Jeder zu seiner Zeit!", sagte der Bauer, „jeder zu seiner Zeit."

URSULA WÖLFEL

Die Geschichte von der Schnecke in der Stadt

Wie aus einem fremden Ort ein neues Zuhause wurde

Einmal wollte eine Waldschnecke nicht mehr im Wald bleiben. Es war ihr zu eng zwischen all den Bäumen. Darum ist die Schnecke aus dem Wald gekrochen und ihr kleines rundes Haus hat sie mitgenommen. Sie ist durch die Wiese gekrochen, sie ist über das Feld gekrochen, und sie ist den Weg entlanggekrochen.

Am Abend war die Schnecke in der Stadt, und sie ist immer weiter durch die Straßen gekrochen, bis zum Morgen. Da war sie gerade mitten auf einem großen Platz, und auf einmal hat sie Angst bekommen.

Die Menschenhäuser waren so groß, und das Schneckenhäuschen war so klein! Und ganz allein war die Schnecke auf dem riesigen Platz, nur Luft war um sie herum, gar nichts Grünes war da! Die Schnecke hat den Kopf in ihr Haus gezogen, und sie ist still sitzen geblieben.

Da sind Schulkinder über den Platz gekommen. Sie haben gerufen: „Da ist eine schöne Schnecke!"

Die Schnecke hat ihren Kopf wieder aus ihrem Haus gestreckt. Sie hat sich gefreut. Die Schulkinder haben die Schnecke vorsichtig aufgehoben. Ein Junge hat sie über den großen Platz getragen, er hat sie in einen Garten gebracht. Da hat es der Schnecke gut gefallen, und sie ist immer in der Stadt geblieben. Sie ist eine Stadtschnecke geworden.

LINDE VON KEYSERLINGK
Das Ungeheuer
Traum und Wirklichkeit sind zwei verschiedene Welten

Eines Abends saß Oma da und stickte. Nach einer Weile bemerkte sie, dass ihre Enkeltochter sorgfältig vermied, aus dem Lichtkegel der Tischlampe herauszukommen und in den Schatten der dunkleren Zimmerecken zu treten.
„Was ist denn mit dir?", fragte sie schließlich.
„Schscht", machte Lale und legte den Zeigefinger auf den Mund.
„Da in der Ecke sitzt ein Ungeheuer."
„Na so was!", sagte Oma. „Davon hab' ich ja gar nichts gewusst. Dann wollen wir doch gleich mal nachsehen."
Sie nahm die Tischlampe hoch und leuchtete in alle Ecken. Aber kein Ungeheuer war zu sehen.
„Ja, jetzt am Tage", sagte Lale zögerlich. „Aber nachts, da solltest du es mal sehen!"
„Ich verstehe", sagte Oma und nahm ihre Brille ab. „Erzähl mir mal, wie es aussieht und was es macht, damit ich's erkenne, wenn ich ihm mal begegne."
„Wenn ich nachts durch die Wohnung gehe ...", fing Lale an.
„Du gehst nachts durch die Wohnung?" Da musste sich Oma doch wundern.
„Das ist im Traum", erklärte Lale. „Da sitzt das Ungeheuer da in der Ecke. In der da. Dann versuche ich, mich ganz schnell, ganz an der anderen Wand lang an ihm vorbeizudrücken. Aber das Ungeheuer kommt hervor und schnappt nach mir. Mit seinem riesigen Maul schnappt es nach meinem Nachthemd. Es ist ein schwarzes Ungeheuer, nur Maul.

Furchtbar. Ganz böse Augen hat es auch noch. Da tut es so, als ob es schläft. Aber dann schnappt es plötzlich zu."

„Und dann?", fragte Oma interessiert. Lale wunderte sich, dass es ihr nicht grauste.

„Dann will es sich gerade in meinem Nachthemd festbeißen. Und ... und dann wach' ich auf und hab' ganz arg Angst."

„Und jetzt hast du sogar schon am Tag Angst. Das ist ja fies." Oma war voller Mitleid und sann auf Abhilfe.

Oma schaute auf ihren altertümlichen Nähtisch aus Kirschholz mit gedrehten Beinen. Man konnte ihn aufklappen. Da war ein Spiegelchen im Deckel. In vielen, vielen kleinen Fächern waren die Nähutensilien verteilt. Da gab es Nähnadeln und Stecknadeln, Knöpfe, Druckknöpfe und Haken. Es gab Einziehgummis, Hutgummis und Knopflochgummis. Fingerhüte gab es und einen kleinen Stechbeitel, um Lochstickerei zu machen. Ein Stopfei und einen Stopfpilz. Es gab Nähgarn, Stopfgarn und Stickgarn. Das musste nach Farben geordnet sein.

„Soll ich den Nähtisch mal wieder aufräumen?", fragte Lale und setzte sich halb auf Omas Schoß. Das war eine von Lales Lieblingsbeschäftigungen, denn am Ende bekam sie immer etwas geschenkt: ein kleines Döschen mit Stickperlen, einen besonders schönen Knopf oder einen kleinen silbernen Elefanten, der sich dahin verlaufen hatte.

„Jetzt nicht", sagte Oma und suchte sich eine neue Sticknadel aus.

Sie achtete sehr auf ihre Nadeln, die in einem kleinen Nadelbuch aus Filz geordnet waren. Da gab es sogar eine Rundnadel, um Teddys zu flicken und Puppenköpfe wieder anzunähen.

Für jeden anderen sind Nähnadeln eben Nähnadeln. Aber Oma schien jede einzelne Nadel persönlich zu kennen. „Kinder, wo ist meine liebste Nadel?", hörte man sie oft rufen, wenn jemand sich einfach ihrer Nähnadeln bedient hatte.

Dies alles zeigt, dass Oma einen feinen Sinn für geheime Ordnungen hatte, die sie immer wieder herzustellen bemüht war. Obwohl so feinsinnig, war sie doch eine unerschrockene Frau. Auch Ungeheuer in der Zimmerecke konnten sie nicht aus der Fassung bringen. Es lag ihr aber fern, so zu tun, als gäbe es keine Ungeheuer, wozu manche Erwachsenen aus eigener Angst neigen.

Oma betrachtete jetzt eingehend die Scheren, die vorne im etwas breiteren Fach lagen. Es gab eine Stickschere, die wie ein goldener Reiher geformt war. Der lange Schnabel war die Schere. Dann gab es eine Schnuppschere, mit einem kleinen, kleinen Kästchen dran. So etwas braucht man heute nicht mehr. Aber früher, als man hauptsächlich mit Kerzenlicht auskommen musste, da schnitt man mit so einer Schere das abgebrannte Dochtstück ab. Es fiel dann gleich ins Kästchen und nicht in die Kerze. Das war praktisch. Die große dritte Schere war eine Schneiderschere. In ihrem linken Ohr oder Henkel hatten drei Finger Platz, der vierte lag obendrüber in einer Kuhle. Der Daumen hatte das andere Ohr für sich allein. Er steht ja immer den vier anderen Fingern allein gegenüber. Auch der Griff dieser Schere war schön geschmückt, mit Ranken und so. Früher hatte man dafür viel Sinn.
Oma schien etwas eingefallen zu ein. Sie nahm die Schere in die Hand. „Gibt's die Scheren auch für Linkshänder?", fragte Lale jetzt, denn Kinderscheren haben ja keine verschiedenen Ohren. Oma lachte. „Dreh sie doch einfach um", sagte sie und gab Lale die Schere. Tatsächlich passte sie auch für Lales kleine linke Hand.
„Ich leihe sie dir", flüsterte Oma und sah sich verschwörerisch nach den dunklen Ecken um. „Leg sie auf deinen Nachttisch, griffbereit. Sollte das Ungeheuer sich wieder in deinem Nachthemd verbeißen, schneid einfach das Stück Hemd ab und du bist frei!"

Lale ging voller Tatendrang zu Bett. Die Schere lag griffbereit in der Nachttischschublade. In dieser Nacht wachte Lale nicht auf. Aber am Morgen stand sie auf und fühlte verwundert mit der Hand den ganzen Saum ihres Nachthemds nach. Es fehlte kein Stück.
„Komisch", sagte sie. „Ich hab's doch heute Nacht abgeschnitten."

Lale dämmerte es, dass es zwei verschiedene Welten geben musste, die Traumwelt und die Wirklichkeitswelt. Aber irgendwie hatten die zwei doch etwas miteinander zu tun, so wie Nacht und Tag.
Das Ungeheuer jedenfalls war beleidigt und kam nie wieder.
Mit Omas Weisheiten aus dem Nähkästchen hatte es nicht gerechnet. Wozu jemanden erschrecken, der sowieso keine Angst mehr hat? Das macht Ungeheuern keinen Spaß.
„Also? Immer eine Schere parat haben, wenn's auch nur eine kleine ist", sagte Oma.

Ihr werdet das bestätigt finden. Menschen, die immer ein kleines Nähzeug mit Schere dabeihaben, die wissen mit Ungeheuern umzugehen.

JENS RASSMUS
Waschtag
Manche Leute stecken voller Überraschungen

Sowohl der Bison als auch der Schwarzbär hatten sich länger nicht gewaschen. Doch war es reiner Zufall, dass sie sich am Flussufer begegneten. Der Schwarzbär hatte seinen bestickten Waschlappen dabei, der Bison seine Bürste und den Schwamm. Sie grüßten sich.

Der Bison, der nicht auf Gesellschaft eingestellt war, wartete zunächst ab, was der Bär tun würde. Auch der Schwarzbär hätte sich lieber ohne einen Zuschauer gewaschen. Doch dann sagte er sich: „Was soll's?", tauchte seinen Waschlappen ein, wrang ihn aus und fuhr sich damit über das Fell.

Er wusch und wusch sich, und als er fertig war, war er nicht mehr schwarz, sondern weiß.

Der Bär sah verblüfft an sich herunter. „Ich bin also gar kein Schwarzbär, sondern ein Eisbär!", dachte er. „Wie seltsam!" Peinlich berührt schaute er zum Bison hinüber.

„Das kann doch jeder!", grölte der. „Pass mal auf, wie man sich richtig wäscht!"

Der Bison nahm nun seinerseits Schwamm und Bürste und begann sich zu schrubben und zu scheuern, dass es nur so spritzte und klatschte. Nach wenigen Minuten war der Fluss braun vor Dreck. Und der Bison war kein Bison mehr, sondern ein Hamster.

„Was sagst du nun, mein Lieber?", piepste er.

„Nicht schlecht", sagte der Eisbär. Dabei hatte er gar nicht richtig zugeschaut. Er blickte verträumt in die Ferne, nahm dann seinen Waschlappen und machte sich auf zum Nordpol.

Juni

Der gebrochene Eimer

*Auch aus einem Fehler kann
etwas Schönes entstehen*

Ein Wasserträger in Indien besaß zwei große Eimer. An beiden Seiten des Joches, das er auf seinen Schultern trug, hing ein Eimer. Einer der Eimer hatte einen Riss, der andere Eimer jedoch war in perfektem Zustand. Während dieser zweite Eimer am Ende des langen Weges zwischen dem Fluss und dem Haus des Meisters noch ganz voll mit Wasser war, war der gebrochene Eimer nur noch halb voll.
Das ging zwei Jahre hindurch so. Der Wasserträger lieferte immer nur eineinhalb Eimer mit Wasser im Haus seines Meisters ab. Natürlich war der gute Eimer besonders stolz auf seine Leistung, da er seiner Aufgabe vollkommen entsprach. Aber der gebrochene Eimer schämte sich wegen seines Gebrechens und fühlte sich elend, da er nur die Hälfte von dem leisten konnte, was man eigentlich von ihm erwartete.
Nachdem er sich so zwei Jahre lang als Versager gefühlt hatte, begann er eines Tages am Fluss mit dem Wasserträger zu sprechen. „Ich schäme mich über mich selbst und will mich bei dir entschuldigen."
„Warum", fragte der Wasserträger, „warum schämst du dich?"
„Weil ich in den letzten beiden Jahren nur imstande war, die halbe Portion Wasser abzuliefern. Durch den Riss in meiner Seitenwand verliere ich auf dem Weg zu dem Haus deines Meisters dauernd Wasser. Aufgrund meines Versagens musst du so hart arbeiten und bekommst nicht den vollen Lohn für deine Bemühungen", antwortete der Eimer.
Der Wasserträger bekam Mitleid mit dem alten, gebrochenen Eimer. Er wollte ihn trösten und sagte: „Wenn wir gleich zum Hause meines Meisters zurückgehen, musst du gut auf die prächtigen Blumen am

Wegesrand achten." Und wirklich: Als sie den Hügel hinaufliefen, sah der gebrochene Eimer prächtige, wilde Blumen am Wegesrand, und dies gab ihm doch ein wenig Trost. Aber am Ende der Reise fühlte er sich doch wieder unglücklich, da die Hälfte des Wassers wie immer ausgelaufen war. Er entschuldigte sich aufs Neue bei dem Wasserträger, da er wieder versagt hatte.

Der Wasserträger schaute den Eimer an und sagte: „Hast du denn nicht bemerkt, dass nur auf deiner Seite des Weges Blumen blühen und nicht auf der Seite des anderen Eimers? Ich wusste schon immer, dass du ein wenig undicht bist, und ich habe es mir zunutze gemacht. Ich habe auf deiner Seite des Weges Blumen gepflanzt, und jedes Mal, wenn wir vom Fluss zurückkommen, gibst du ihnen Wasser. So konnte ich zwei Jahre lang immer prächtige Blumen pflücken und den Tisch meines Meisters damit schmücken. Wenn du nicht so wärst, wie du nun einmal bist, würde sein Haus niemals so herrlich aussehen."

LINDE VON KEYSERLINGK
Nichts gesagt
Keiner muss sich ungerecht behandeln lassen

Im Remstal hat die Elsbeth gewohnt. Gleich nebenan vom Bauern Heinrich. Morgens musste sie immer die Milch zum Frühstück holen. Einmal, als die Elsbeth den Milchtopf auf den Tisch gestellt hat, ist grade die Katze angesprungen gekommen. Die hat den Milchtopf umgestoßen.
In diesem Moment kam die Mutter zur Tür herein und hat gerufen: „Jetzt sei doch nicht immer so ungeschickt, Elsbeth. Schnell, hol einen Lappen und putz es wieder weg."
Die Elsbeth hat nichts gesagt.
Elsbeth hatte noch einen kleinen Bruder. Der hieß Thomas. Eines Tages, zur Mittagszeit, hat sie den Thomas vom Kindergarten abgeholt. Der Thomas ist in alle Pfützen reingetreten und hat nicht auf die Elsbeth hören wollen. Seine Hosenbeine sind ganz dreckig geworden. Als sie heimgekommen sind, stand der Vater schon in der Türe. „Ja, kannst du denn nicht besser auf deinen kleinen Bruder aufpassen, Elsbeth?", hat er gesagt. Die Elsbeth hat nichts gesagt.
Sie ist schon in die Schule gegangen, die Elsbeth, und manchmal hat sie auch am Nachmittag Unterricht gehabt. Handarbeit zum Beispiel. Einmal hat ihr der freche Kurt das ganze Strickzeug verwirrt. Da ist die Lehrerin gekommen und hat gesagt: „Elsbeth, wenn du weiter so schlampig bist, muss ich dir eine Sechs geben."
Die Elsbeth hat nichts gesagt.
Für ihr Alter war die Elsbeth ziemlich klein und schüchtern. So haben die anderen Kinder gedacht, sie könnten sich über sie lustig machen.

Auf dem Heimweg haben die große Regine und der freche Emil sie geschubst. „Du hohle Nuss!", haben sie gerufen. Die Elsbeth ist hingefallen und hat ein großes Loch im Strumpf und im Knie gehabt. „Dein Knie heilt von allein, der Strumpf nicht", hat die Mutter gesagt. „Du solltest besser aufpassen, wo du hintrittst."
Die Elsbeth hat nichts gesagt.
Zum nächsten Sonntag hat die Oma von der Elsbeth einen Hefezopf gebacken. Schon am Samstag. Und den hat sie bis zum anderen Tag in die Speisekammer gestellt. In der Speisekammer aber haben die Mäuse den Hefezopf angeknabbert. Das hat ausgesehen, als ob Kinderzähnchen daran genagt hätten. Als die Oma am Sonntag den Kaffeetisch gedeckt hat, da hat sie das bemerkt. Zu ihrer Zeit hätten die Kinder nicht genascht, hat sie gesagt, und das Naschen sei eine ganz große Unart. Und dabei hat sie immerzu die Elsbeth angeschaut, ganz vorwurfsvoll.
Die Elsbeth hat nichts gesagt.
Aber dann, als alle schon dabei waren, den restlichen Hefezopf in sich hineinzustopfen und die Großen Kaffee und die Kleinen Kakao getrunken haben, da hat die Elsbeth ganz plötzlich zu heulen angefangen und konnte gar nicht mehr aufhören, hat geschluchzt und gerotzt und geplärrt wie ein Sturzbach im Frühling.
Da hat der Opa das Elsbethle auf den Schoß genommen, hat ihm die Nase geputzt und nur gesagt: „Jetzt erzähl halt mal."
Da ist alles mit einem Mal aus der Elsbeth herausgesprudelt: das mit der Katze, der Mama, dem Thomas, dem Papa, dem Kurt, dem Strickzeug, der Lehrerin, der bösen Regine, dem Knie und den Strümpfen, den Mäusen, dem Hefezopf und der Oma. Plötzlich haben alle ganz bedeppert geschaut. „Ja, warum hast du denn nichts gesagt?", haben sie gesagt.

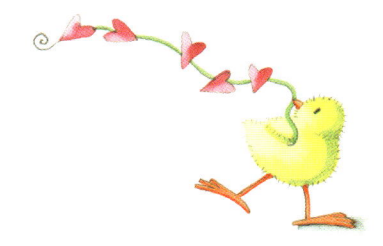

Der Tempel der tausend Spiegel
Wie wir der Welt begegnen, so begegnet sie uns

Ein Hund hatte von dem Tempel der tausend Spiegel gehört. Er wusste nicht, was Spiegel sind, aber er wollte den Tempel sehr gerne besuchen.

Nach einer langen Reise kam er dort an und lief die Stufen hinauf. Als er durch die Eingangstür getreten war, blickten ihn aus tausend Spiegeln tausend Hunde an. Er freute sich und wedelte mit dem Schwanz. Da freuten sich auch in den Spiegeln tausend Hunde und wedelten mit dem Schwanz.

Er verließ den Tempel in dem Bewusstsein: Die Welt ist voll mit freundlichen Hunden. Von da an ging er jeden Tag in den Tempel der tausend Spiegel.

Am Nachmittag kam ein anderer Hund in den Tempel.

Als er durch die Eingangstür getreten war, blickten ihn aus tausend Spiegeln tausend Hunde an.

Da zeigte er vor Angst seine Zähne und knurrte. Und aus den Spiegeln knurrten tausend Hunde zähnefletschend zurück. Der Hund zog den Schwanz ein und eilte in dem Bewusstsein davon: Die Welt ist voll mit bösen Hunden. Nie wieder wollte er in den Tempel der tausend Spiegel gehen.

Der Tempel der tausend Spiegel ist die Welt. Wer egoistisch und streitsüchtig ist, der erlebt auch Egoismus und Streit in der Welt. Wer sich aber fröhlich und freundlich umsieht, der findet auch freundliche Gefährten.

Der singende Schuster
Freude ist das Allerwichtigste im Leben

Es war einmal ein Schuster, der saß jeden Tag schon frühmorgens in seiner Werkstatt bei der Arbeit. Er war immer vergnügt und sang oft ein fröhliches Lied.

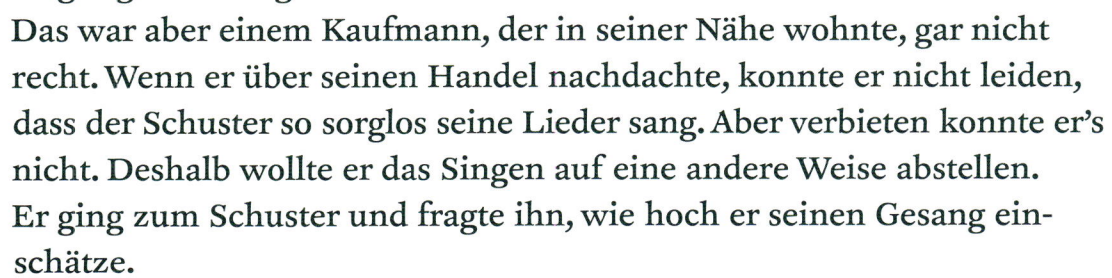

Das war aber einem Kaufmann, der in seiner Nähe wohnte, gar nicht recht. Wenn er über seinen Handel nachdachte, konnte er nicht leiden, dass der Schuster so sorglos seine Lieder sang. Aber verbieten konnte er's nicht. Deshalb wollte er das Singen auf eine andere Weise abstellen.

Er ging zum Schuster und fragte ihn, wie hoch er seinen Gesang einschätze.

Dieser überlegte nicht lange und meinte, einen Tagelohn wäre das Singen schon wert, weil es ihm sein Tagewerk so leicht mache. Da sagte der Händler: „Ich will dir einen Monat lang deine Tagesverdienste bezahlen, wenn du mir versprichst, ebenso lange nicht mehr zu singen." Und er legte ihm das Geld wirklich auf den Tisch.

Der Schuster dachte: „So leicht werde ich mein Geld nie wieder verdienen!" Er nahm es und versprach, in seiner Werkstatt so still zu sein wie ein Fisch.

Die ersten Tage konnte er gut still sein. Nach einigen Tagen aber schien morgens die Sonne durch sein Fensterchen, und die Vögel fingen an zu zwitschern. Da war es ihm selbst so froh zumute wie ihnen, und er durfte doch nicht singen.

Es war ihm, als hielte man ihm den Mund zu; und seine Hände wurden schwer. Das Leder wollte sich nicht fügen.

Die Ahle wollte nicht mehr stechen. Die Nägel wollten nicht in die Sohle dringen und das Schustermesser nicht mehr schneiden.

Der Tag war so lang und die Arbeit so schwer. Dem Meister war es, als wäre eine Krankheit über ihn gekommen.

Und plötzlich stand er auf und sagte laut, als wäre noch jemand in der Werkstatt: „Ich kann dieses Versprechen nicht mehr halten. Nicht einen einzigen Tag will ich länger ohne Freude leben!"

Noch in der gleichen Stunde legte er dem Kaufmann sein Geld wieder auf den Tisch und begann zu singen, so laut und so oft, als müsste er nachholen, was er durch den unglücklichen Handel versäumt hatte.

Juli

LINDE VON KEYSERLINGK

Angelina

Was geschieht, wenn kleine Schafe größer werden

Langsam wurde es Sommer, und in den Hügeln weideten die Schafe. Auch sie bewegten sich langsam, denn Gras zu rupfen und sich auch die köstlichen Kräuter schmecken zu lassen, war ihre Hauptbeschäftigung und zurzeit ihr Lebenszweck. Es sei denn Tobi, der flinke Collie, trieb sie rennend und bellend zur Eile an. Das geschah aber nur abends, wenn sie in den Pferch getrieben werden sollten. Oder morgens, wenn es galt, eine schöne neue Weide zu finden. Über allem aber wachte Meda, der Hirte.

Manche Menschen denken ja, dass Schafe alle gleich aussehen. Diese Menschen haben aber nicht richtig hingeschaut. Antonella zum Beispiel hatte eine lange dünne Nase, während Agathas Gesicht rund und breit war. Fioretta hatte Locken auf der Stirn, und Vincentia erkannte man sofort an ihren großen, weit auseinander liegenden Augen. Die niedlichste von allen war Angelina, ganz jung noch und von allen geliebt. Ihre beste Freundin war Paola, ein Schaf mit gutmütigem Blick und lustigem Gesichtsausdruck. Schäfer Meda kannte sie alle, kannte ihre Namen und ihren Gemütszustand und wusste auch, welche Kräuter ihnen guttaten, wenn sie krank waren. Schon als Kind war er mit den Schafen gewandert. Schafe waren ihm besser vertraut als Menschen. Er hielt sie für bessere Wesen und glaubte, dass Menschen viel von seinen Schafen lernen könnten, wenn sie sich nur Zeit nehmen würden.

Orlando zum Beispiel, war ein ganz junger Schafbock. Aber wie rührend kümmerte er sich um Angelina. Mit den anderen Böcken raufte er und teilte auch Püffe an die alten Schafe aus. Aber Angelina versuchte er vor jedem Stoß zu schützen. Auch wenn Tobi das verspielte Lamm anbellte und kneifen wollte, stellte Orlando sich dazwischen und senkte drohend seinen Kopf mit den noch unsichtbaren Hörnern. Er passte auf, dass Angelina einen guten Platz im Pferch bekam und auf der Weide die saftigsten Kräuter fand. Und weil Angelina so klein, tapsig und freundlich war, neidete ihr das niemand. Paola, ihre beste Freundin, hatte auch was davon, denn die zwei liefen ja meistens nebeneinander.

So verging der Frühsommer und eines Tages war Orlando verschwunden. Angelina verstand das erst gar nicht. Sie wunderte sich nur, warum sie so unsanft in den Pferch gedrängelt wurde, warum niemand ihr die frischen Kräuter zeigte, warum Tobi sie auf einmal anbellen konnte. Dann begriff sie es und fing an, nach Orlando zu suchen. Sie suchte ihn überall in der Herde und hatte kaum noch Zeit zum Fressen. Sie wurde grantig und unleidlich, schubste andere Schafe und lief am Abend extra langsam, um die Herde aufzuhalten. Mit ihrer besten Freundin bekam sie Streit. Einmal, als sie an der Tränke standen, beklagte sie sich mit lautem Meckern und beschuldigte Paola, sie vom Wasser weggedrängt zu haben. Paola war beleidigt und verstand ihre Freundin nicht mehr. Sie lief zu Antonella und das machte Angelina erst recht wütend. „Niemand liebt mich mehr, niemand braucht mich mehr", dachte sie oder was kleine Schafe eben in so einem Augenblick empfinden. Sie rannte von der Herde weg und versteckte sich in einem Zypressenhain hinter einer dicken Mauer. Was war bloß los mit ihr?

Lange, lange stand sie da. Aber als es Abend wurde, hörte sie Tobi bellen. Und dann kam Meda, der Hirte, hob sein Schäfchen auf die Schulter und ging mit ihm nach Hause. Er gab Angelina frisches Wasser und eine Handvoll Löwenzahn. Dann setzte er sich und zündete sich eine Pfeife

an. Angelina schlüpfte unter sein Lodencape. Dort war es warm, und sie hörte die Stimme des Hirten wie das Geplätscher eines Baches oder das Rauschen des Sommerwindes in den Myrtenbäumen:
„Angelina, Angelina. Warum bist du nur so grantig zu den anderen Schafen? Selbst deine beste Freundin Paola nimmst du nicht aus, und Tobi hat seine liebe Not mit dir. Jetzt bist du auch noch weggerannt und denkst wahrscheinlich, dass niemand in der Herde sich um dich schert. Aber glaubst du denn, dass alle von einem Tag auf den anderen anders geworden sind? Sind sie nicht alle wie immer, nur du bist anders geworden? Du siehst das sicher nicht so. Und ich will dir mal sagen, was wirklich anders geworden ist. Orlando ist nicht mehr da. In unserer Herde ist Valentino der Schafbock. Und die jungen Böcke, auch Orlando, sind jetzt groß genug, eine eigene Herde zu haben. Dahin ist Orlando gegangen. Das ist der Lauf der Welt. Aber Orlando fehlt dir, weil er dein Freund war und weil er so viel für dich gemacht hat, was du jetzt selber machen musst, denn auch du bist ja größer geworden. Oder etwa nicht? Lass also nicht deine Trauer und deine Wut an anderen aus, die gar nichts dafür können, aber eben um dich herum sind. Sei ein großes Schaf, das für sich selber sorgen kann."
Meda sah unter sein Lodencape, und da lag die nicht mehr ganz so kleine Angelina und schlief. Wahrscheinlich hätte sie sowieso nichts von dem verstanden, was der Hirte erzählte. Aber irgendwie musste sie doch begriffen haben, dass auch ein Schafsleben niemals stillsteht, sondern sich ununterbrochen fortbewegt. Denn so freundlich wie zuvor wanderte sie weiter neben ihrer Freundin Paola über die gehügelten Weiden des Spätsommers.

ANGELIKA EHRET

Zeugnisse
Erfahrungen sind doch viel überzeugender

Immer, kurz bevor es Zeugnisse gibt, bekommt Lisa von allen zu hören, wie gut es doch sei, wenn man gute Noten kriegt. Alle geben ihr irgendwelche Ratschläge.
„Du musst tüchtig lernen, damit später einmal etwas aus dir wird", sagt Tante Hilde oft.
„Jaja, nicht für die Schule lernt man, sondern fürs Leben", fügt Onkel Georg dann stets hinzu und: „Ohne Fleiß kein Preis!"
„Etwas zu lernen hat noch keinem geschadet", meint Lisas Vater. „Also streng dich an."
„Mit guten Noten und einem guten Beruf kommst du im Leben voran", sagt Lisas Mutter. „Darüber bist du später einmal froh."
Am liebsten würde Lisa sich die Ohren zuhalten. Sie kann diese Sprüche nicht mehr hören. Sie gehen ihr echt auf die Nerven!
Das sagt sie schließlich auch Oma Lydia, obwohl die noch gar nichts wegen der Noten gesagt hat. Aber die Oma zuckt nur mit den Schultern und erwidert: „Bei mir hat's früher immer geheißen: Mädchen brauchen nicht so viel zu lernen, denn sie heiraten später sowieso einmal …"
„Ach nee!", ruft Lisa und tippt sich mit dem Finger an den Kopf. „Das ist aber jetzt wirklich das Dümmste, was ich bisher gehört habe!"
„Eben", sagt Oma Lydia.

URSULA WÖLFEL

Die Geschichte von der Mutter, die an alles denken wollte

Gegen den Zufall hilft die beste Vorsicht nichts

Eine Mutter wollte im Urlaub mit ihren drei Kindern auf einen Berg steigen. Sie überlegte, was man mitnehmen müsste. An alles wollte sie denken:

Zum Beispiel könnte es Regen geben. Also brauchten sie Regenmäntel und trockene Schuhe und Strümpfe. Es könnte auch zu früh dunkel werden. Die Frau nahm für jeden eine Taschenlampe mit.

Es könnte auch sein, dass sie sich verirrten. Dann müssten sie über Nacht draußen bleiben. Die Frau packte ein Zelt und Schlafsäcke ein, dazu einen Spirituskocher, einen Kochtopf und Lebensmittel für ein paar Tage.

Und wenn einer von ihnen unterwegs krank würde? Unbedingt mussten sie Medizin für verschiedene Krankheiten und Verbandszeug haben.

Dann fiel der Frau noch ein, dass es auch Nebel geben könnte. Also band sie die Kinder an ein starkes Seil und hängte sich ein Nebelhorn um den Hals.

So stiegen sie auf den Berg und schleppten sich ab und keuchten und schwitzten. Aber sehr weit kamen sie nicht. Die Frau trat in einen Kuhfladen, und weil sie so schwer bepackt war, rutschte sie den steilen Hang wieder hinunter, und die Kinder am Seil rutschten hinterher.

An die Kuhfladen auf dem Weg hatte die Frau nicht gedacht.

URSEL SCHEFFLER
Der Regenmacher von Salamanca
Warum es besser ist, wenn die Menschen nicht übers Wetter bestimmen können

Es war einmal ein spanischer Erfinder. Der hieß Pedro und lebte in der Turmstube über einem alten Stadttor von Salamanca.
Einmal regnete es in Salamanca sieben Wochen hintereinander. Klar, dass alle Leute schlechte Laune hatten! Wenn etwas schief ging oder wenn einer traurig war, dann sagten die Leute immer: Daran ist nur das Wetter schuld!
Pedro überlegte, wie er seinen Nachbarn wieder zu guter Laune verhelfen könnte. Er selbst fand den Regen gar nicht so schlecht, denn Regenwetter ist gutes Erfinderwetter. Da konnte man gemütlich zu Hause sitzen, guten spanischen Rotwein trinken, Paella essen, nachdenken und an neuen Erfindungen herumbasteln.
„Ich muss etwas erfinden, womit ich den Regen abstellen kann", überlegte Pedro. „Ich brauche ein Gerät, um die Regenwolken vom Himmel zu holen!" Und dann ging er in seine Erfinderwerkstatt im Turm und konstruierte aus dreizehn Staubsaugermotoren und einem langen Feuerwehrschlauch einen riesigen Regenwolkenabsauger. Mit dem stieg er auf den Turm der großen Kathedrale und saugte die grauen Wolken einfach vom Himmel.
Es klappte! Das Regenwasser tropfte durch den langen Schlauch auf die Straße, lief den Berg hinunter und floss in den Fluss Tormes, der eine Weile Hochwasser führte.
Eine Weile jedenfalls. Denn nach einigen Tagen begannen die Ersten über die Sonne zu schimpfen. Die Schulkinder wollten hitzefrei haben,

und im Freibad lief das Becken über wie ein voller Suppentopf, weil sich alle erfrischen wollten.

Zum Arbeiten war es viel zu heiß, fanden Omnibusschaffner, Briefträger, Ladenbesitzer, Zahnärzte und Fischhändler. Die Maurer auf dem Bau schimpften, weil das Bier zu schnell warm wurde. Dem Eismann schmolz das Eis, und den Blumenhändlern vertrockneten die Blumen.

Am Ende der dritten Hitze-Woche zogen die Bauern mit Traktoren und Mähdreschern durch die Stadt. Sie beschwerten sich, dass durch die künstliche Abschaffung des Regens die ganze Ernte in Gefahr war. Sie fuhren zum Turm des Erfinders, schwenkten ihre Mistgabeln und forderten: „Re-gen, Re-gen, Re-gen!"

Pedro wagte sich gar nicht mehr aus seiner Erfinderwerkstatt heraus. Er bekam außerdem Drohbriefe und wütende Anrufe von Regenschirmmachern, Kinobesitzern, Taxiunternehmern, Gummistiefel- und Regenmantel-Verkäufern. Da entwarf er in seiner Not eine Regenkanone. Mit der wollte er vorüberziehende Wolken anschießen und den Regen herunterholen.

Die Arbeit ging ihm schlecht von der Hand. Sommerwetter ist bekanntlich kein gutes Erfinderwetter.

Als Pedro seine Regenkanonen ausprobieren wollte, war leider nur eine winzige Wolke über der Stadt. Es tropfte knapp eine Badewanne voll Wasser heraus, die der trockene Boden gierig aufsog.

„Mehr! Mehr! Mehr!", riefen die Leute. Nur mit Mühe gelang es Pedro, die Menge zu beruhigen.

„Ich muss ein Gerät erfinden, mit dem ich Regenwolken anlocken kann", grübelte Pedro. „Denn ohne Wolken kann selbst der beste Regenmacher keinen Regen machen."

Pedro arbeitete Tag und Nacht an seiner neuen Erfindung. Er wollte einen Regenwolkenfänger konstruieren.

Endlich war er zufrieden. Das Gerät sah ein wenig wie ein Wetterballon aus. Es bestand aus einer federleichten, trockenen, schwammartigen Masse in einer Luftkissenhülle. Der trockene Schwamm sollte die nassen Wolken anziehen wie ein Magnet. Pedro ließ seinen Regenwolkenfänger hochsteigen. Er hatte Herzklopfen. Würde es klappen? Tatsächlich: Die Wolken ließen sich von seinem Regenbogenfänger anziehen und einfangen. Wie schwarze Schafe folgten sie ihm bis über die Stadt. Bis die erste an einer Kirchturmspitze hängen blieb und aufplatzte. Hurra! Es regnete in Strömen! Die Leute tanzten auf der Straße vor Freude!

Aber bald hagelte es wieder Beschwerden. Diesmal kamen sie auch aus den benachbarten Gegenden, aus denen der Regenwolkenfänger die Regenwolken abgezogen hatte.

Aber auch in Salamanca selbst murrten schon wieder die Ersten über Regen, Kälte und schlechte Laune. Der arme Pedro war verzweifelt. Er schloss sich in sein Turmzimmer ein und dachte sieben Tage lang nach. Dann wusste er, was er zu tun hatte.

„Ich bin Pedro und nicht Petrus", seufzte er.

Er schlich sich bei Nacht und Nebel aus der Stadt und verbrannte auf dem Müllplatz seinen Regenwolkenfänger, den Regenwolkenabsauger und zum Schluss auch die Regenbogenkanone. Sie zerplatzte mit einem lauten Knall.

Seitdem regnet es in Salamanca wieder, wann es will.

RAFIK SCHAMI
Am Meer
Wie ein Verbot ganz langsam überflüssig wurde

Wir waren eine Woche bei meinem Onkel in Beirut. Eine wunderschöne Stadt. Ich liebe das Meer. Meine Mutter hat fürchterliche Angst davor. Sie verbot mir, ans Wasser zu gehen, aber das Haus meines Onkels war so nahe, und das Meer ist eine einzige Verlockung.

Als ich das erste Mal vom Strand zurückkam, schrie mich meine Mutter an, weil ich sie angeflunkert hatte, ich sei im Park gewesen. Mein sonnenverbranntes Gesicht hatte mich verraten, und so gab es keinen Nachtisch für mich. Am nächsten Tag zog es mich wieder zum Meer, aber ich blieb im Schatten. Als ich zurückkam und fröhlich vom Park erzählte, befahl meine Mutter: „Zieh deine Schuhe aus", und sie klopfte den Sand heraus. Ich verlor meinen zweiten Nachtisch. In der Nacht beschloss ich, nicht mehr zum Meer zu gehen, aber als ich am nächsten Morgen aufwachte, hörte ich das Rauschen der Wellen und eilte wieder hinaus. Diesmal beschloss ich, meine Mutter zu überlisten. Ich spielte im Wasser und rannte immer wieder in den Schatten. Bevor ich das Haus meines Onkels betrat, klopfte ich meine Schuhe so lange, bis kein Körnchen Sand mehr drin war, und ging mit einem Lächeln hinein. „Was für ein schöner Park", rief ich meiner Mutter herausfordernd zu. Sie schaute mich prüfend an, und ich schwärmte noch mehr von der Schönheit des Gartens. Ich lachte innerlich, als sie meine Schuhe ausklopfte. Da sagte sie: „Komm her!" Sie nahm meinen Arm und leckte daran. „Du warst am Meer. Nur Meersalz schmeckt so!" Aber merkwürdigerweise gab sie mir an jenem Tag eine doppelte Portion Vanilleeis.

August

ULRIKE KUCKERO
Vom Huhn, das verreisen wollte
Das Gleiche ist noch lange nicht dasselbe

Es war einmal ein Huhn, das wollte so gern verreisen. Seit es aus dem Ei geschlüpft war, lebte es in immer dem gleichen Hühnerstall und allmählich wurde das Leben langweilig.

„Ich werde verreisen", verkündete es eines Tages und nahm seinen kleinen Koffer unter den linken Flügel. „Ich hoffe, ihr kommt solange ohne mich aus."

Die anderen Hühner lachten. „Verreisen? Wohin denn?", gackerten sie. Doch das Huhn antwortete ihnen nicht. Es kletterte die Hühnerleiter hinunter, stieß die Klappe zum Ausgang auf und ging über den Hof.

„Schau dir dieses alberne Huhn an", rief da die Bäuerin zum Bauer. „Will es etwa verreisen?"

„Ha", lachte der Bauer, „verreisen? Wohin denn?" Und er machte das Tor zur Straße zu.

Doch das Huhn ging am Tor vorbei, über die Wiese, kletterte unter dem Stacheldraht hindurch, sprang hinten über den Bach und wanderte in die Welt hinaus.

„Seht euch dieses alberne Huhn an", rief die schwarze Kuh, die auf der Weide stand. „Will es etwa verreisen?"

„Verreisen?", rief die braune Kuh und brüllte vor Lachen. „Wohin denn? Etwa nach Honolulu?"

Gute Idee, dachte das Huhn. Es packte seinen kleinen Koffer noch fester und lief weiter über die Weide.

Bald kam es zu einer Straße. Da stand ein Trecker. Der gehörte dem Nachbarbauern, der gerade nach seinen Kühen schaute. Schnell sprang das Huhn auf das Trittbrett. Da fuhr der Trecker auch schon los, immer die Straße hinab.

„Ich verreise!", gackerte das Huhn glücklich. Es stellte seinen kleinen Koffer ab und schaute auf die vorbeifliegende Landschaft.

Bald fuhr der Trecker auf einen Hof, wurde langsamer und hielt schließlich an. Das Huhn packte seinen Koffer unter den rechten Flügel und sprang schnell vom Trittbrett.

Auf dem Hof liefen viele Hühner umher. Als sie das fremde Huhn sahen, kamen sie angelaufen, umkreisten es und gackerten: „Wo kommst du denn her? Und was willst du hier?"

Das Huhn stellte seinen kleinen Koffer ab, schüttelte sich die lahmen Flügel locker und sagte: „Ich komme von meinem langweiligen Hühnerstall und mache hier jetzt Urlaub."

Da staunten die Hühner nicht schlecht. Urlaub? Keines von ihnen war bisher auf solch eine Idee gekommen.

Bereitwillig ließen sie das Huhn bei sich auf der Hühnerstange schlafen, und am Tage pickte es mit den anderen Hühnern Körner und Würmer im Garten.

Das ging eine Weile so, bis das Huhn eines Tages seinen kleinen Koffer hervorholte und sagte: „War nett bei euch. Mein Urlaub ist jetzt zu Ende."

Wieder nahm es den Koffer unter den linken Flügel und marschierte über den Hof zum Trecker, kletterte auf das Trittbrett und stellte seinen Koffer ab. Diesmal musste das Huhn ein wenig warten, bis der Trecker losfuhr. Der Bauer hatte noch andere Dinge zu tun. Erst am Abend fuhr er mit dem Trecker zu den Weiden, um nach den Kühen zu schauen.

An der Weide sprang das Huhn ab und ging mit seinem kleinen Koffer zum Bach.

„Da bist du ja wieder", lachte die schwarze Kuh. „Wo warst du denn?"

„Verreist", sagte das Huhn stolz und ging weiter.
„Ha!", brüllte die braune Kuh. „Ein Huhn, das verreist! Warst du in Honolulu?"
Doch das Huhn antwortete nicht. Es sprang über den Bach, kletterte unter dem Stacheldraht hindurch und lief über die Wiese. Schon stand es auf seinem Bauernhof.
„Da bist du ja wieder", sagte die Bäuerin, „ich hab dich schon gesucht."
„War verreist", sagte das Huhn kurz und lief eilig zum Hühnerstall.
„Da bist du ja wieder", staunten die anderen Hühner. Sie rückten beiseite und ließen das Huhn auf die Hühnerstange.
„Hab Urlaub gemacht", sagte das Huhn und schaute in die Runde.
Die Hühner sahen es gespannt an. „Wo denn?", riefen sie.
„In Hühnerlulu", sagte das Huhn lässig. „Kann ich euch nur empfehlen."

Die Blinden und der Elefant

Jeder sieht nur einen kleinen Ausschnitt der Wirklichkeit

In einem fernen Land stritten sich die Gelehrten einmal darüber, was Wahrheit ist.

Der König, ein wirklich weiser Mann, rief daraufhin einige Blinde zu sich und bat sie, einen Elefanten zu betasten. Danach fragte er, was denn ein Elefant ist.

Der Blinde, der die Ohren berührt hatte, sagte, dass ein Elefant groß und platt sei. Derjenige, der den Rüssel berührt hatte, sagte, ein Elefant sei lang und rund wie ein Rohr. „Nein, das stimmt nicht", rief ein anderer, „ein Elefant ist so stämmig wie eine Säule." Dieser Blinde hatte die Beine betastet. Der vierte Blinde berichtete, dass seiner Meinung nach ein Elefant lang und glatt und am Ende spitz sei. Er meinte damit die Stoßzähne.

Schließlich unterbrach der König sie und sagte: „Ihr habt alle Recht, aber jeder hat nur ein kleines Stück des Elefanten beschrieben. Genauso ist es mit der Wahrheit: Was wir sehen oder wahrnehmen, ist oft nur ein kleiner Teil dessen, was wirklich ist."

PETRA MARIA SCHMITT

Der verschwundene See

Ein kleiner Indianer entdeckt das Geschichtenerzählen

Hiwataka, der Geschichtenerzähler, machte es sich vor seinem Tipi bequem. Kleiner Biber, der zufällig in der Nähe war, beobachtete ihn aufmerksam. Hiwataka zündete seine Pfeife an. Kleiner Biber freute sich. Denn das konnte nur eines bedeuten! So laut er konnte, rief Kleiner Biber: „Hiwataka will eine Geschichte erzählen!"
Sofort kamen aus allen Richtungen Kinder angerannt.
Und ruck, zuck war der Geschichtenerzähler umringt.
Hiwataka war schon sehr alt, und sein langes, graues Haar flatterte im Wind. Er ließ seinen stolzen Blick in die Ferne schweifen und sagte: „Vor langer, langer Zeit lag vor uns ein wunderschöner See."
Die Kinder staunten. In ihrem Dorf hatte es einen See gegeben? Und Kleiner Biber fragte: „Und warum gibt es den See heute nicht mehr?"
„Eines Tages ist er verschwunden", antwortete Hiwataka und blies Rauchringe in die Luft, die sich nach und nach auflösten.
„Wie verschwunden?", fragten die Kinder.
„Es geschah an einem kalten Wintertag", erzählte Hiwataka. „An diesem Tag kam eine Schar Wildgänse und ließ sich auf dem See nieder. Plötzlich fror der See zu. Die Wildgänse erschraken und flogen davon. Und weil ihre Füße im See eingefroren waren, nahmen sie den See einfach mit." „Und wo ist der See jetzt?", fragte Kleiner Biber.
„Das wissen nur die Wildgänse." Hiwataka zog an seiner Pfeife.
Kleiner Biber war neugierig geworden. Er wollte unbedingt herausfinden, wo der See geblieben war. Und während Hiwataka weiterer-

zählte, beschloss Kleiner Biber, nach dem See zu suchen. Leise schlich er sich davon.

Schnell packte Kleiner Biber ein paar Sachen zusammen: eine Decke zum Schlafen, Marschproviant und – ganz wichtig – seine kleine Schildkröte. Die kleine Schildkröte war aus Leder und mit vielen bunten Perlen bestickt. Sie war sein Glücksbringer. Und genau das brauchte er jetzt: ganz viel Glück.

Kleiner Biber ging los. Immer der Nase nach. Über Stock und über Stein. Und nachts, wenn er unter dem großen Sternenzelt auf seiner Decke lag, hörte er in der Ferne Kojoten heulen. Ein bisschen mulmig wurde ihm da schon. „Ich habe keine Angst!", sagte er dann zu sich selbst und drückte seine Schildkröte fest an sich.

So ging es tagelang. Doch als er am dritten Tag die Augen aufschlug, glaubte er zu träumen. Direkt vor ihm lag ein See. Den hatte er in der Dunkelheit gar nicht gesehen. Und als er genauer hinsah, bemerkte er Wildgänse, die darauf schwammen. Das musste der verschwundene See sein! „Jipiiieee! Ich habe ihn gefunden! Und er ist noch viel schöner, als ich ihn mir vorgestellt habe! Das muss ich Hiwataka und den anderen erzählen!" Sofort machte er sich auf den Heimweg. Und wieder brauchte er drei Tage und Nächte, bis er die Tipis seines Dorfes entdeckte. Kaum war er in Sichtweite, liefen ihm die anderen Kinder entgegen: „Wo bist du so lange gewesen?", fragten sie neugierig.

„Ich habe den See gefunden!", antwortete Kleiner Biber stolz.

Die Kinder staunten. Nun war es Kleiner Biber, den die Kinder umringten. Natürlich war auch Hiwataka gekommen, um die Geschichte zu hören. Und während Kleiner Biber erzählte, lächelte Hiwataka. Denn nun wusste er, dass es einen neuen Geschichtenerzähler im Dorf gab. Und dass seine Geschichten noch lange, lange Zeit weiterleben würden.

Die Schwalbe und das Meer

Ein Herrscher begreift, dass man auch die unwichtigsten Untertanen gut behandeln soll

Dem jungen Pharao wurden viele Geschichten erzählt ... Oft waren Geschichten über die Macht darunter. Wie man sie gewinnen und wie man sie wieder verlieren konnte. Solche Geschichten bekam der junge Pharao von seinen Beratern zu hören, und um ihn nicht zu erzürnen, wurden diese Geschichten als Märchen erzählt ...

„Kennt Ihr, o Pharao, das Märchen von der Schwalbe und dem Meer?" So wurde der Pharao gefragt, und als er neugierig den Kopf schüttelte, begann einer von ihnen zu erzählen:

„Es war einmal eine kleine Schwalbe, die brütete am Strand des großen Meeres. Als ihre Jungen geboren waren, flog sie unermüdlich über den Sand und das Meer, um Futter für ihre Kinder zu holen. ‚Achte auf meine Kleinen', sagte sie zum Meer, und schon war sie in der Luft.

Eines Tages machte sich das Meer ein Spiel daraus, die Schwalbe zu ärgern. Mit ein paar kräftigen Wellen holte es das Nest mit den Schwalbenjungen vom Strand und ließ es weit hinaustreiben. Als die Schwalbe mit Futter im Schnabel zurückkam, sah sie, was geschehen war.

‚Gib mir sofort meine Jungen zurück!', sagte die Schwalbe zornig. ‚Wenn du es nicht tust, dann werde ich dich mit meinem Schnabel ausschöpfen, Tropfen für Tropfen!'

Das Meer musste lachen. ‚Weißt du nicht, wie groß das Meer ist?'

‚Mein Schnabel ist klein, aber mein Zorn ist groß', sagte die Schwalbe, nahm einen Tropfen des Meeres in ihren Schnabel und ließ ihn in den trockenen Sand fallen. Ohne Unterlass flog die Schwalbe zwischen dem Meer und dem Sand hin und her, und immer schöpfte sie einen Tropfen

Wasser aus dem Meer, und es schien, als würde sie nie müde werden. Da wurde es dem Meer unheimlich zumute.

‚Die kleine Schwalbe wird nicht aufhören damit', dachte es, ‚und wer weiß, vielleicht kommen ihr bald andere Schwalben zu Hilfe. Es war nicht klug von mir, sie zu ärgern.'

So trug das Meer das Schwalbennest mit den Jungen zurück an den Strand, und die kleine Schwalbe hörte auf, das große Meer – Tropfen für Tropfen – auszuschöpfen."

Der junge Pharao hatte gut zugehört.

„Ich habe verstanden", sagte er. „Das Unrecht, das man dem kleinsten seiner Untertanen zufügt, wie rasch kann es für das ganze Reich gefährlich werden …" Da lächelte der Alte, der ihm das Märchen erzählt hatte, und verbeugte sich tief vor dem jungen Pharao.

September

ISABEL ABEDI

Sieben auf einen Streich

Kleine und Große brauchen einander

Kurt war ein Floh. Er lebte im linken Nasenflügel von Glitzerschuppe, dem silbernen Drachen. Ein paar Mal hatte Glitzerschuppe versucht, den kleinen Kerl loszuwerden, ihn fortzuniesen oder auszuschnupfen, aber Kurt ließ sich nicht vertreiben. Er war nämlich ein ausgebildeter Kampffloh. Selbst Glitzerschuppes Feueratem konnte ihm nichts anhaben, und wenn man ihn reizte, wurde Kurt gefährlich. Daher beschloss Glitzerschuppe, ihn in Ruhe zu lassen, und bat Kurt lediglich, ihm nicht in die Nase zu beißen.

So lebten die beiden in Glück und Frieden, bis in einer hellen Vollmondnacht sieben schattenhafte Gestalten um die Ecke schlichen. Das waren nicht einfach sieben Gestalten, o nein. Es waren die Grauenhaften Sieben – gefürchtete Drachentöter und der Schrecken aller Drachen. Ihre Rüstungen waren gegen jedes Feuer gefeit, und bewaffnet waren die Grauenhaften Sieben bis an die Zähne. Wenn sie einen Drachen besiegt hatten, zogen sie ihm die Haut vom Leib und verkauften sie für teures Geld an den Königshöfen. Nach dem silbernen Drachen hatten die Grauenhaften Sieben schon viele Jahre gesucht – und jetzt, endlich, hatten sie ihn gefunden!

Sie überwältigten Glitzerschuppe, ehe er überhaupt Piep sagen konnte. Mit ihren Kampfseilen verschnürten sie ihm die Füße, die Flügel und das Maul. Dann machten sie sich lauthals darüber lustig, was jetzt aus Glitzerschuppe werden würde.

„Eine Picknicktasche für Prinzessin Pockenbein",
rief der Grauenhafte Erste.

„Ein Büstenhalter für Baronin Babs von Blutwurst",
kreischte der Grauenhafte Zweite.
„Ein Halsband für den Hofpudel Hurzelpurzel",
brüllte der Grauenhafte Dritte.
„Ein Kopfschmuck für Königin Klothilde Kleinhirn",
schrie der Grauenhafte Vierte.
„Ein Korsett für König Karl Klopsgesicht",
übertrumpfte ihn der Grauenhafte Fünfte.
„Ein Paar Pantoffeln für Prinz Pilatus Plattfuß",
krakeelte der Grauenhafte Sechste.
„Oder alles zusammen",
freute sich der Grauenhafte Siebte.
Er zückte seinen Säbel. „Los, Jungs, lasst uns dem Drachen die Haut abziehen. Ich schlage vor, wir fangen an der Nasenspitze an."
„Das", sagte Kurt, der Floh, „das wollen wir doch erst mal sehen."
Bisher hatte er nur still aus Glitzerschuppes Nasenflügel herausgelinst, aber jetzt rüstete Kurt sich zum Kampf.
„Attacke!", schrie er und sprang aus seinem Versteck. Er hüpfte dem Grauenhaften Ersten auf den Kopf und verschwand nach einem dreifachen Salto zackdiwumms durch eine Ritze ins Innere der Rüstung. Der Rest war ein Kinderspiel. Kurt biss zu, wo immer er ein Stück Haut fand. Er biss in die Arme, in den Bauch und in den Po natürlich auch.
„Zu Hilfe!", schrie der Grauenhafte Erste und schlug mit seinem Schwert um sich. Mit tausendundeinem Drachen hatte er bereits gekämpft, aber noch niemals gegen einen Floh. Und gegen Kurt war er complettamente machtlos. Nicht mal kratzen konnte er sich, da er ja in seiner Rüstung steckte. Er hüpfte und tanzte und kreischte, aber Kurt war voll in Fahrt.
Er piesackte ihn so lange, bis der Grauenhafte Erste ohnmächtig am

Boden lag. Den Grauenhaften Nummer zwei bis sechs erging es nicht besser. Dem Grauenhaften Siebten hüpfte Kurt ins Ohr und zischte: „Mach meinen Drachen los, sonst verwandele ich deine Haut in einen rot gepunkteten Flohteppich!"

Das ließ sich der Grauenhafte Siebte nicht zweimal sagen. Er löste Glitzerschuppes Fesseln und machte, dass er weg kam.

Kurt, der Floh, sprang zurück in Glitzerschuppes Nasenflügel und schlief ein. Glitzerschuppe aber flog durch die Lande und erzählte allen Drachen von seinem gefährlichen Nasenflügelbewohner, der die Grauenhaften Sieben auf einen Streich in die Flucht getrieben hatte. Von da an legten sich alle Drachen der Gegend Flöhe zu und retteten so bis heute ihre kostbare Haut.

36

MANFRED MAI
An die Arbeit!

Gegen schlechte Stimmung kann man etwas tun

Herr Mattusch kommt ins Klassenzimmer, stellt seine Tasche auf den Stuhl und grüßt. Aber er sagt nicht wie meistens „Guten Morgen, Kinder". Nein, der Gruß besteht nur aus einem Wort. Und auch das verschluckt Herr Mattusch noch halb. Es klingt wie „Moin".
Die Kinder wissen natürlich sofort, was das bedeutet: Herr Mattusch hat schlechte Laune. Das kommt zum Glück nicht oft vor, denn eigentlich ist er ein sehr netter Lehrer. Aber manchmal hat eben auch ein netter Lehrer schlechte Laune.
Herr Mattusch drückt Kirsten einen Stapel Blätter in die Hand. „Davon gibst du jedem Kind eines!"
Kirsten teilt die Blätter schnell aus und setzt sich wieder an ihren Platz. Wenn Herr Mattusch so schlecht gelaunt ist, würde sie lieber weiter hinten sitzen.
„Puh, sind das viele Aufgaben", rutscht es Timo heraus. Herr Mattusch guckt ihn nur kurz an, und Timo schrumpft auf seinem Stuhl.
„Jetzt wird gerechnet!", sagt Herr Mattusch. „Und ich möchte kein Wort dabei hören. Haben wir uns verstanden?" Er erwartet keine Antwort auf diese Frage.
Die Kinder nehmen ihre Hefte und fangen an zu rechnen.
Herr Mattusch geht durchs Klassenzimmer und schaut den Kindern über die Schultern. Heute erklärt er nichts und hilft auch nicht.
Er sagt keinen Ton.
In der zweiten Stunde ist es genauso.

Nur müssen sie jetzt nicht rechnen, sondern Hauptsätze aufschreiben. Zwanzig Stück!

„Der spinnt ja", flüstert Lisa ihrer Freundin Selina ins Ohr.

Als endlich große Pause ist, schimpfen draußen alle über ihren Lehrer. Bis Selina plötzlich sagt: „Wenn wir nur schimpfen, wird es auch nicht besser. Wir müssen etwas tun."

„Gegen seine schlechte Laune können wir doch nichts tun", meint Timo.

„Wir können es wenigstens versuchen", entgegnet Selina.

Sie stecken die Köpfe zusammen und hecken einen Plan aus.

Als Herr Mattusch nach der Pause ins Klassenzimmer kommt, sitzen die Kinder mucksmäuschenstill auf ihren Plätzen. Herr Mattusch will etwas aus seiner Tasche holen, da sieht er ein Blatt Papier auf dem Lehrertisch liegen. Er nimmt das Blatt, faltet es auseinander und liest:

Für unseren lieben Lehrer,
heute ist es in der Schule gar nicht schön. Wenn Sie so schlechte Laune haben, macht der Unterricht keinen Spaß. Dann haben wir sogar ein bisschen Angst vor Ihnen. Werden Sie bitte ganz schnell so wie sonst, damit wir keine Angst mehr haben müssen und der Unterricht wieder Spaß macht.
Ihre Klasse 3a.

Herr Mattusch hebt den Kopf und schaut in die Klasse. Die Kinder wagen kaum noch zu atmen, so gespannt sind sie auf seine Reaktion. Langsam faltet er das Blatt zusammen und steckt es in seine Tasche. Dann sagt er leise: „Ihr sollt keine Angst vor mir haben. So weit darf es nicht kommen, auch wenn ich mal schlechte Laune habe. Das wollte ich nicht, und es tut mir Leid."

LEONARDO DA VINCI

Die Ameise und das Weizenkorn

Wunder brauchen meist ein wenig Zeit

Ein Weizenkorn, das von der Ernte allein auf dem Feld übrig geblieben war, erwartete den Regen, um in die bergende Ecke zurückzukehren. Eine Ameise entdeckte es, lud es auf und schleppte es mit großer Anstrengung zur weit entfernten Behausung. Sie ging und ging, das Weizenkorn schien immer schwerer zu werden auf den müden Schultern der kleinen Ameise.

„Warum lässt du mich nicht liegen?", sprach das Korn.

Die Ameise antwortete: „Wenn ich dich liegen lasse, werden wir keine Vorräte für diesen Winter haben. Wir sind viele, wir Ameisen, und jede von uns muss in die Vorratskammer so viel bringen, wie sie nur findet."

„Aber ich bin nicht nur geschaffen, um gegessen zu werden", sagte das Weizenkorn darauf. „Ich bin ein Same, voll von Lebenskraft, und meine Bestimmung ist es, eine neue Pflanze wachsen zu lassen. Höre, liebe Ameise, machen wir einen Vertrag!"

Die Ameise war zufrieden, ein wenig ausruhen zu können, legte das Korn ab und fragte: „Was für ein Vertrag soll das sein?"

„Wenn du mich auf meinem Feld belässt", sagte das Korn, „und darauf verzichtest, mich in deine Behausung zu tragen, werde ich dir in einem Jahr hundert Körner meiner Art zurückerstatten."

Die Ameise starrte ungläubig.

„Ja, liebe Ameise. Glaub, was ich dir sage! Wenn du heute auf mich verzichtest, werde ich mich dir hundertfach geben: Ich werde dir hundert Weizenkörner für dein Heim schenken."

Die Ameise dachte: Hundert Körner im Tausch gegen ein einziges – das ist ein Wunder.
Sie fragte das Weizenkorn: „Und wie wirst du das machen?"
„Es ist ein Geheimnis", antwortete das Korn. „Das Geheimnis des Lebens. Heb eine kleine Grube aus, begrab mich darin und komm nach einem Jahr zurück!"
Ein Jahr später kehrte die Ameise wieder.
Das Weizenkorn hatte sein Versprechen gehalten.

EVELINE HASLER
Der Wortzerstückler
Die Wahrheit braucht sich nicht zu verstecken

Es war einmal ein Junge, der hatte ein Siebgedächtnis. Das war, ihr werdet es gleich sehen, sehr unangenehm für ihn. Sein Lehrer verlangte nämlich, dass sich die Schüler allerlei merkten, zum Beispiel:
Wie viel Blütenblätter hat das Scharbockskraut?
Wie verläuft die Metamorphose des Maikäfers?
Wann war die Schlacht bei Bibrakte?
Nach welchen Regeln dividiert man Brüche (einfache und gemischte)?
usw. usw. usw.

Wenn er sich in der Schule dies alles mühsam in den Kopf gestopft hatte, so rüttelte auf dem Heimweg, mit jedem Schritt, den er tat, der Inhalt seiner Gehirnschublade durcheinander. Manchmal fielen auch Silben und Zahlen aus seinem Siebgedächtnis heraus. Anderntags erzählte er, wenn er vom Lehrer aufgerufen wurde, merkwürdige Dinge. Die Kinder warteten schon gespannt darauf, lauerten förmlich, bis er etwas Dummes sagte. Dann brüllten sie los. Je mehr sie aber lachten, umso ärger wurde es mit seinem Siebgedächtnis.

Eines Tages sagte der Lehrer: „Morgen bekommen wir hohen Besuch; der Herr Ministerpräsident beehrt uns. Jedes Kind soll ein Gedicht auswendig aufsagen können!"

Der Junge wählte sich ein Rätsel aus; das war leicht, lächerlich leicht für sein Alter.

Liebe Kinder, ratet schnell,
es läuft durch Wiesen klar und hell
und hat doch keine Füße?

Er prägte es sich zu Hause ein, und am anderen Morgen, auf dem Schulweg, setzte er Schritt vor Schritt, als ginge er über Watte. Trotzdem stieß eine seiner Schuhspitzen an einen Stein. Die Silben seines Rätsels gerieten durch die Erschütterungen durcheinander. Es sah jetzt folgendermaßen aus:

Kiebe Rinder, schnatet lell,
es wieft durch Läusen har und klell
und dat hoch feine Küsse?

Der Junge wartete einen Moment mit geschlossenen Augen, dass die aufgewirbelten Wortteilchen sich setzten, da fuhr ein Mädchen auf einem roten Fahrrad daher. „He, schläfst du?", rief es und bremste so scharf, dass das Vorderrad ihn noch streifte.

Zwei Stunden später trug der Junge vor dem Ministerpräsidenten folgendes vor:

Kieb Rind, schnat lell,
wief du Läus har kell
dato fein Kuss?

Die Kinder brüllten.

Der Lehrer, der noch sehr jung war, bekam pfirsichrote Wangen. Der Ministerpräsident aber wiegte den Kopf und murmelte: „Sehr interessant. Sehr interessant." Dann erhob er sich von seinem Lehnstuhl, zog eine Karte mit seiner Adresse hervor und überreichte sie dem Jungen mit den Worten: „Wenn du aus der Schule entlassen wirst, schreibe mir. Ich verschaffe dir eine Stelle als Wortzerstückler."

„Was ist ein Wortzerstückler?", fragte der Junge.

„Das ist ein wichtiger Mann", erklärte der Ministerpräsident. „Dieser wichtige Mann zerstückelt die Wörter, die wichtige Männer bei wichtigen Telefongesprächen sagen. So kommen unsere Geheimnisse nicht ins Ausland."

Von jetzt an lachten die Kinder nicht mehr, wenn der Junge merkwürdige Dinge sagte. Sie hörten ihn im Gegenteil fast ehrfürchtig an. Im Geiste sahen sie ihn nämlich schon, wie er die Reden des Herrn Ministerpräsidenten zerstückelte. Die einen sahen ihn mit einer Schere hantieren, andere sahen ihn mit einer Rasierklinge, noch andere mit einer Axt.

Weil die Kinder nun den Jungen für voll nahmen, wurde sein Gedächtnis täglich besser. Nach Wochen gelang es ihm, ein Gedicht fehlerfrei aufzusagen.

„Wie schade!", riefen die Kinder. „Jetzt kannst du nicht mehr Wortzerstückler werden!"

„Ist mir auch schnuppe", sagte der Junge und lachte. „Wenn man die Wahrheit sagt, braucht man sie nicht zu zerstückeln. Da halte ich mich lieber fein raus und lerne einen anständigen Beruf. Ich werde Elektrolehrling!"

Heute, als Elektriker, macht das Siebgedächtnis dem jungen Mann keine Sorgen mehr. Manchmal, besonders bei Föhnwetter, lässt er noch da und dort eine Zange oder ein Drahtspule liegen – aber wem kann das nicht passieren?

GERHARD IMBSWEILER
Modeerscheinung
Wer immer im Trend sein will, schaut manchmal ganz schön komisch aus

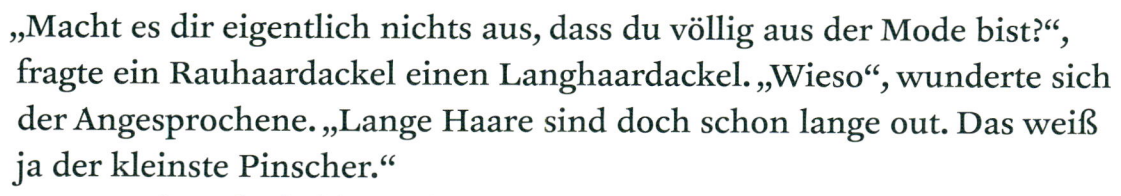

„Macht es dir eigentlich nichts aus, dass du völlig aus der Mode bist?", fragte ein Rauhaardackel einen Langhaardackel. „Wieso", wunderte sich der Angesprochene. „Lange Haare sind doch schon lange out. Das weiß ja der kleinste Pinscher."
Der Langhaardackel betrachtete sein Fell und fand es nach wie vor schön an sich. „Mir gefallen meine langen Haare, Mode hin oder her."
Der Rauhaardackel schüttelte den Kopf. „Mach, was du willst. Aber du wirst sehen, dass du mehr und mehr auffällst."
Die beiden gingen auseinander, ohne noch weiter Zeit zu verlieren. Dafür musste der Langhaardackel um so mehr an die wenigen Worte seines Kollegen denken. Und außerdem: Er hatte tatsächlich das Gefühl, öfter als gewöhnlich von anderen angestarrt zu werden. „Vielleicht sind das wirklich die langen Haare", dachte er und entschloss sich schweren Herzens, zum Hundesalon zu gehen.
„Bitte schneiden", sagte er, „aber bitte nicht zu kurz. Einfach ein bisschen kürzer."
„Machen wir", sagte der Hundefriseur, und schon begannen die Haare zu fliegen. Später konnte sich der Dackel im Spiegel betrachten. Er fiel fast in Ohnmacht. „Das bin doch nicht ich", dachte er und machte extra ein paar ganz merkwürdige Bewegungen, um herauszufinden, ob er es sei oder ein anderer.
Kein Zweifel, er war es und er sah aus wie ein ehemaliger Langhaardackel, der einem Hundesalon einen Besuch gemacht hatte.

„Das ist doch viel zu kurz. Ich sagte doch ‚nur ein bisschen kürzer',"
„Mein lieber Hund", sagte der Hundefriseur zum Dackel, „Sie haben ja keine Ahnung. So wie Sie jetzt aussehen, ist es nichts Halbes und nichts Ganzes. Sie sind völlig aus der Mode. Es tut mir im Herzen weh, Sie so gehen lassen zu müssen."
„Was aber, um Himmels willen, ist denn nun Mode?" „Kurz, aber ganz kurz, absolut kurz. Das heißt eigentlich rasiert. Kahl. Kurz heißt genau genommen ohne Haar. So wie Sie da stehen, sind Sie ein Kompromiss. So liegen Sie dazwischen, sind nicht kalt und nicht heiß."
Der ehemalige Langhaardackel überlegte einen Moment, gab sich dann einen Ruck und rief: „Rasieren!"
Der Zufall wollte es, dass der Keinhaardackel wenig später wieder den Rauhaardackel traf.
„Wie siehst du denn aus?", fragte der. „Bist du krank?"
„Nein", lachte der Keinhaardackel. „Mir geht es gut, denn ich bin so absolut in Mode. Du bist eine Art Kompromiss, bist irgendwie dazwischen, nicht heiß und nicht kalt."
Den Rauhaardackel mopste das gewaltig. Ausgerechnet der sollte auf einmal die Nase vorne haben. Also rannte auch er zum Hundesalon und ließ sich rasieren. Bis die beiden sich wiedersahen, vergingen viele Wochen und Monate. Inzwischen waren dem Langhaardackel wieder lange Haare nachgewachsen, aber der Rauhaardackel sah noch aus wie ein verunglücktes Schweinchen.
„Ich komme gerade von meinem Friseur", sagte der Langhaardackel. „Er meint, dass lange Haare in den kommenden Monaten ganz stark in sein werden." Sagte es und wackelte davon. Zurück blieb der Rauhaardackel mit seinen Haarstoppeln und dem Bewusstsein, dass er für einige Monate out sein würde. Beide zogen es vor, sich in Zukunft aus dem Weg zu gehen.

Oktober

Warum der Schakal heult

… und wie es kam, dass der Hund ein Freund des Menschen wurde

Viele Zeiten ist es her, da waren der Hund und der Schakal die besten Freunde. Sie lebten gemeinsam im Wald, sie zogen durch die Welt und ließen es sich gut gehen. Keiner von beiden hatte je einen Menschen gesehen oder ein Haus oder gar eine Feuerstelle.

Sie trieben sich auf den Wiesen und Feldern herum, jagten Hasen, liefen den wilden Katzen hinterher und suchten sich jeden Tag aufs Neue einen Platz zum Schlafen. Eines Tages jedoch sahen sie etwas Seltsames. Auf einer Wiese standen hohe Gebäude, und es gab große Gestalten, die Wasser in Behältern umhertrugen und kleine Fleischstücke über ein helles Licht hielten, das leuchtete und knisterte und gefährlich aussah. Als sie näher schlichen, spürten sie die Hitze, die von diesem Licht ausging. Ein paar Funken versengten das Fell des Schakals.

Rasch flüchteten sie zurück in den Wald.

Der Schakal und der Hund hatten ein Dorf entdeckt, und da es ein Fest im Dorf gab, wurde Wasser vom Brunnen geholt und gutes Fleisch über dem Feuer gebraten. „Diese Wesen sind gefährlich", sagte der Schakal. „Hast du dieses furchtbare Licht gesehen, das einem das Fell verbrennt?" Seit jener Zeit haben Schakale Angst vor dem Feuer …

Der Hund dachte nur an den guten Geruch des Essens, der durch die Luft zog …

„Ich habe Hunger", sagte er. „Und wenn man Hunger hat, fürchtet man sich weniger als sonst."

Er rannte auf das Dorf zu.

Der Schakal versteckte sich erschrocken hinter einem Baum. Der Hund wurde von den Menschen freudig begrüßt. Er wurde gestreichelt, bekam Wasser zu trinken und ein großes Stück vom Braten. Er legte sich zufrieden in die Nähe des Feuers und freute sich, dass es ihn so schön wärmte.

An jenem Abend beschloss der Hund, bei den Menschen zu bleiben, er wurde ihr Begleiter, und bis heute sind der Hund und der Mensch gute Freunde. Der Schakal aber heulte und heulte um seinen Freund, er heulte die ganze Nacht, um ihn wieder in den Wald zu locken.

Auch heute noch kann man den Schakal in der Nähe von Dörfern heulen hören, wenn es dunkel wird. Und wenn der Schakal irgendwo Feuer sieht, dann bekommt er es mit der Angst zu tun und verschwindet, so schnell er nur kann …

DIETER INKIOW UND ROLF RETTICH

Die Frage des Maharadscha

Was die Menschen vor Jahrtausenden über die Erde dachten

Vor Tausenden von Jahren wollte ein indischer Fürst – ein Maharadscha – wissen, wie groß die Erde ist. Wen konnte er fragen? „Mein Astrologe muss es wissen", dachte er. „Das ist ein Sterndeuter, der weiß nicht nur sehr viel über die Sterne, er muss noch mehr über die Erde wissen. Denn die Sterne sind weit, und die Erde ist ganz nah. In Wirklichkeit ist sie direkt unter unseren Füßen. Komisch, dass wir so wenig über sie wissen." Er klatschte dreimal in die Hände. „Der Astrologe soll zu mir kommen!"
Der Astrologe kam: „Ihr habt mich rufen lassen, mein Herr und Gebieter?" „Wie groß ist die Erde?", fragte der Maharadscha. „Die Erde?" „Die Erde!!!"
„Lasst mich überlegen, oh, mein Herr und Gebieter. So eine schwierige Frage habe ich nicht erwartet. Wie groß die Erde ist – das weiß, glaube ich, kein Mensch." „Wen könnten wir noch fragen?"
„Fragt die klügsten Leute Eures Reiches: Das sind Eure Berater."
Bald waren alle Berater des Königs versammelt.
„Ich will von euch wissen, wie groß die Erde ist. Und auch, wie sie aussieht." Die Berater schauten sich fassungslos an. Dann sagte der älteste: „So eine schwierige Frage kann keiner von uns beantworten. Aber wir wissen, wie man die Antwort finden kann!"
„Wie denn?" „Schicken Sie Boten zu den Herrschern unserer benachbarten Länder. Im Süden grenzt unser Reich ans Meer. Aber wir wissen nicht, wo die benachbarten Länder enden. Wenn wir das wüssten,

könnten wir uns eine Vorstellung davon machen, wie die Erde aussieht."
„Das ist eine gute Idee!" rief der Maharadscha.

Er schickte Boten in alle Richtungen. Es waren mutige Männer, die auf Elefanten ritten. Keiner vor ihnen hatte es je gewagt, so eine lange Reise zu unternehmen. Lange Monate dauerten ihre Reisen.

Endlich kamen sie zurück, und sie berichteten, einer nach dem anderen: „Auf Wasser sind wir immer gestoßen. Die Erde schwimmt wie ein Stück Holz im Wasser." „Oder wie ein Fladenbrot", meinte einer der Gelehrten. Alle nickten, sehr nachdenklich und zustimmend.

Der Maharadscha nickte auch.

„Na, gut", sagte er. „Aber warum versinkt die Erde nicht im Meer? Steine sind schwerer als Wasser. Wenn ich etwas Erde ins Wasser werfe, dann geht sie unter. Irgendetwas trägt die Erde. Darum versinkt sie nicht."

„So ist das!", sagten die Gelehrten wie aus einem Mund. „Oh, unser Herr und Gebieter, Ihr seid klüger als wir alle zusammen. Wieder habt Ihr uns einen Beweis Eurer Größe geliefert. Es gibt nur ein Tier, das die Erde tragen könnte: der Elefant. Weil die Erde so groß ist, ruht sie sicherlich auf den Rücken von drei riesengroßen Elefanten."

„Elefanten sind aber keine Meerestiere", meinte der Maharadscha.
Seine Berater, die klügsten Männer der damaligen Zeit, überlegten und sagten:

„Die Elefanten schwimmen nicht frei. Sie stehen auf dem Panzer einer riesigen Schildkröte."

„So muss es sein!", rief der Maharadscha. „Der Hofmaler soll sofort dieses herrliche Bild von der Welt malen."

So entstand das erste Weltbild: die Erde als riesengroßer Teller auf den Rücken von drei Elefanten, die ihrerseits auf dem Panzer einer Meeresschildkröte thronten.

Das schönste Kind von allen

Was wir mit Liebe anschauen, das gefällt uns am besten

Eines Tages beschlossen auch die Tiere, ihre Kinder in eine Schule zu schicken. Ein Lehrer wurde gefunden, und schon bald gingen die Tierkinder in den Unterricht, um lesen und schreiben zu lernen. Manchmal kam es vor, dass der Unterricht etwas länger dauerte, und dann packten einige Mütter das Mittagessen einfach ein und brachten es ihren Kindern in die Schule. Auch die Eule war gerade unterwegs zur Schule, um ihrer Tochter etwas zu bringen, da traf sie das Rebhuhn.

„Ach, Sie gehen zur Schule?", fragte das Rebhuhn. „Wären Sie so freundlich, auch meinem Kind etwas mitzubringen?"

Sie holte ein kleines Päckchen hervor und gab es der Eule.

„Das kann ich gerne machen", sagte die Eule. „Aber – wie erkenne ich denn Ihr Kind?"

„Ach, nichts leichter als das", sagte das Rebhuhn. „Mein Kind ist das schönste von allen! Sie werden es leicht finden!"

Die Eule ging zur Schule und brachte ihrer Tochter etwas zu essen. „Darf ich mir alle Kinder, die in der Schule sind, kurz anschauen?", fragte sie den Lehrer. Der stimmte zu, voller Stolz auf seine vielen Schülerinnen und Schüler. Die Eule ging durch die ganze Schule, sie schaute in alle Klassen und sogar auf den Schulhof. Überall hielt sie Ausschau nach dem Kind des Rebhuhns.

Auf dem Heimweg ging sie zum Rebhuhn und gab ihm das Päckchen wieder zurück. „Es tut mir leid", sagte die Eule. „Aber ich konnte Ihr Kind nicht finden. So genau ich auch geschaut habe – in der ganzen Schule war kein einziges Kind schöner als meines!"

KARL SIMROCK

Das Gegengeschenk
Mit faulen Tricks kommt keiner weiter

Ein großer Herr hatte sich einmal im Walde verirrt und kam bei Nacht an die Hütte eines armen Holzhauers. Der war selbst über Land, und die Frau kannte den Herrn nicht. Doch nahm sie ihn wohl auf, sagte ihm aber gleich voraus, dass es um die Bewirtung schlecht aussehe; denn sie hätte nichts als Erdäpfel und selber kein Bett, er müsse also auf dem Heuschober schlafen. Weil aber der Herr hungrig und müde war, schmeckten ihm die Erdäpfel wie Eidotter, und auf seinem Daunenbett hatte er noch selten besser geschlafen als hier auf dem Heu. Das rühmte er auch am Morgen, als er seinen Heimweg antrat und der Frau zum Abschied ein Goldstück reichte. Weil aber der Herr sagte, das solle sie zum Andenken haben, hielt sie es für eine Denkmünze und bedauerte nur, dass sie kein Loch daran sah; denn so konnte sie es nicht am Hals tragen.

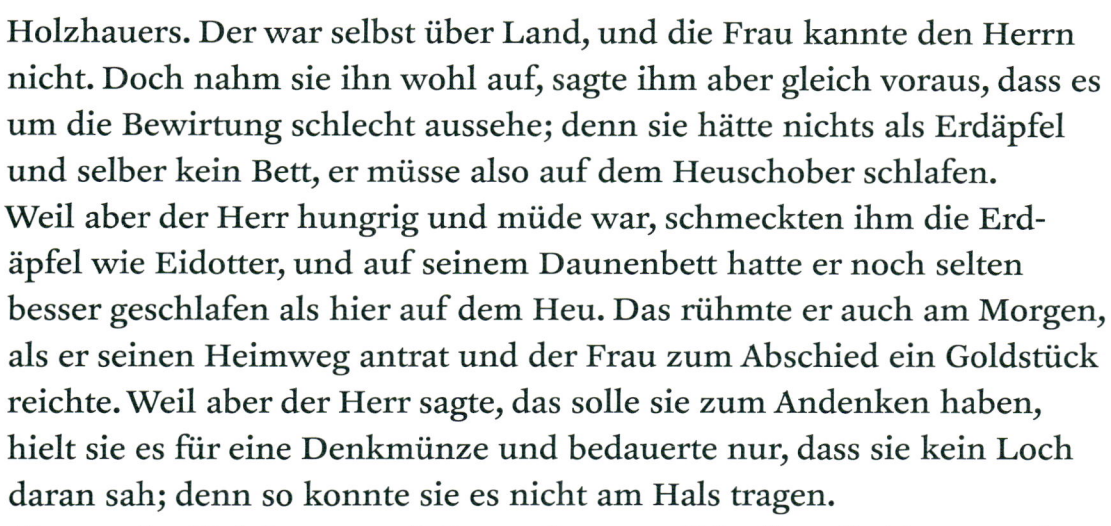

Als nun der Holzhauer nach Hause kam, erzählte ihm die Frau von dem vornehmen Gast, der ihr die Denkmünze geschenkt hätte. Da merkte er gleich an der Beschreibung und an der kostbaren Gabe, dass es der Fürst des Landes gewesen war, und freute sich, dass ihm seine Erdäpfel wie Eidotter geschmeckt hätten. „Es ist aber auch wahr", sagte er, „bessere Erdäpfel müssen auf der Welt nicht wachsen als hier in dem sandigen Waldboden. Aber es ist doch zu viel, was der Herr dir gegeben hat für eine Nacht auf dem Heu und eine Schüssel Erdäpfel. Ich will ihm noch ein Körbchen voll bringen, weil sie ihm so gut geschmeckt haben."

Sogleich machte er sich auf und kam nach dem Schloss und begehrte Einlass. Die Schildwache und die Diener wollten ihn abweisen; er kehrte sich aber nicht daran und sagte: Sie sollten ihn nur melden, er begehre ja nichts, und wer bringe, sei überall willkommen. So kam er in den Empfangssaal und sagte: „Gnädiger Herr, Ihr habt neulich bei meiner Frau eine Schüssel Erdäpfel mit einem Dukaten bezahlt. Das war zu viel, wenn Ihr gleich ein großer Herr seid. Darum bringe ich Euch noch ein Körbchen nach von den Erdäpfeln, die Euch wie Eidotter geschmeckt haben. Lasst sie Euch wohl bekommen, und wenn Ihr wieder bei uns einkehrt, stehen Euch noch mehr zu Diensten."

Da gefiel dem Fürsten die Einfalt des Mannes, und weil er gerade bei guter Laune war, schenkte er dem Holzhauer einen Hof mit dreißig Morgen Land.

Der arme Holzhauer hatte aber noch einen reichen Bruder, der neidisch und habsüchtig war. Als er von dem Glück hörte, das dem Holzhauer widerfahren war, dachte er: Das könnte dir auch blühen. Ich hab ein Pferd, das dem Fürsten gefällt; es war ihm doch zu viel, als ich sechzig Dukaten dafür verlangte. Jetzt geh ich hin und schenk es ihm. Hat er dem Hans einen Hof mit dreißig Morgen Land für ein Körbchen Erdäpfel geschenkt, so wird mir wohl noch etwas Besseres zuteil werden. Da nahm er sein Pferd aus dem Stall und führte es vor das fürstliche Schloss, ließ den Knecht damit halten und ging geradenwegs in das Empfangszimmer. „Fürstliche Gnaden", sagte er, „ich höre, dass Euch mein Pferd in die Augen gestochen hat, für Geld hab' ich es nicht lassen wollen, aber habt die Gnade und nehmt es zum Geschenk von mir an! Es steht draußen vor dem Schloss und ist so ein stattliches Tier, wie Ihr keins in Eurem Stall habt."

Der Fürst merkte gleich, was der reiche Bauer wollte, und dachte bei sich: Wart, dich will ich bezahlen! „Ich nehme Euer Geschenk an", sagte er, „wenn ich gleich nicht weiß, was ich Euch dagegen geben soll. Aber wartet, da ist ein Körbchen Erdäpfel, die wie Eidotter schmecken. Sie kosten mich einen Hof mit dreißig Morgen Land. Damit ist Euer Pferd reichlich bezahlt, ich konnte es ja für sechzig Dukaten haben." Damit reichte er dem Mann das Körbchen mit Erdäpfeln und entließ ihn in Gnaden. Sein Pferd aber wurde in den fürstlichen Stall geführt.

JENS RASSMUS
Null Punkte
Am besten bleibt man so, wie man ist

Marienkäfers hatten siebenundvierzig Kinder. Alle Kinder hatten sieben Punkte, was zusammen dreihundertundneunundzwanzig Punkte machte.
Das achtundvierzigste Marienkäferkind kam ohne Punkte auf die Welt. „Bei dir ist Mama und Papa die Farbe ausgegangen", spotteten die siebenundvierzig Geschwisterkinder und kugelten sich vor Lachen.
Die Mutter sagte zu ihrem achtundvierzigsten Kind: „Wie konntest du uns das nur antun?" Der Vater sagte: „Du bist eine Null."
Abends lag der kleine Marienkäfer oft wach im Bett und strengte sich nach Kräften an, Punkte zu bekommen. Doch es half nichts. Es wuchsen ihm keine. Das Leben schien ihm so trostlos, dass er sich an einem schönen Morgen einfach aufmachte. Flog über die Wiesen und durch die Felder und Wälder, immer weiter, ganz weit fort.
Eines Tages kam er an einem Baumarkt vorbei. Da hatte er einen Einfall. Er kaufte sich ein kleines Döschen schwarzer Farbe und einen Pinsel. Dann suchte er sich ein stilles Plätzchen und wartete. Nach einer Weile kamen eine Wanze und eine Biene vorbei. Der kleine Marienkäfer nahm allen Mut zusammen und sagte: „Könnt ihr mir Punkte malen?"
„Logisch", antwortete die Wanze und nahm den Pinsel. „Sieben Stück, bitte", sagte der Marienkäfer. Die Wanze begann zu malen. Sie konnte aber nur Streifen. Und zwar Längsstreifen (sie war nämlich eine Streifenwanze). „Oh", sagte sie entschuldigend.
„Lass mich mal!", mischte sich die Biene ein und schnappte sich den Pinsel. Aber die Biene konnte nur Querstreifen, sodass der Marienkäfer

anstelle von Punkten ein Karomuster bekam. „Hoppla", sagte die Biene. „Seid ihr fertig? Ist es gut geworden?", fragte der kleine Marienkäfer, der seinen Rücken nicht sehen konnte, hoffnungsfroh. „Nun ja, also, ich würde sagen ...", sagte die Wanze.

„Ähm, genau genommen, gewissermaßen ...", summte die Biene.
Dann flogen die beiden mit schlechtem Gewissen davon. Der kleine Marienkäfer blieb zurück und konnte sich keinen rechten Reim machen. Zufällig hatte ein Tagpfauenauge alles mit angesehen.

„Komm mit zu mir!", hauchte es dem Marienkäfer zu. Zusammen flogen sie zum Haus des Schmetterlings. Dort holte das Tagpfauenauge seinen Farbkasten und malte dem Marienkäfer die kleinen Quadrate auf seinem Rücken an, jedes in einer anderen schillernden Farbe.

„Du bist nun der schönste Käfer der Welt!", sagte der Schmetterling feierlich. „Flieg hoch und lass die Sonne auf dich scheinen!" Und der kleine Marienkäfer ohne Punkte, aber mit buntem Karomuster, flog hoch in die Luft. Und glänzte! Und funkelte! Und wurde bekannt und berühmt! Auf der Wiese, den Feldern und in den Wäldern. Er gab Interviews, hatte Fernsehauftritte, nahm eine Schallplatte auf, machte Parfümwerbung und verdiente einen Haufen Geld. Er wurde geliebt und beneidet. Die Marienkäferfamilie mit den siebenundvierzig Kindern und den dreihundertundneunundzwanzig Punkten rief ihn an. Sie sagten: „Wir sind so stolz auf dich! Wir haben es immer gewusst! Komm zurück zu uns!" Doch den kleinen Marienkäfer kümmerte das nicht.

Der ganze Rummel ging ihm schon längst auf die Nerven. Eines trüben Morgens flog er hinaus in den strömenden Regen. Er spürte die Farbe seinen nassen Rücken hinablaufen. Der Regen wusch alles ab.

Als die Sonne wieder hervorkam, setzte er sich vergnügt auf eine wunderschöne, blühende Rose, die so rot war wie er selbst.

Und er war nicht mehr zu sehen.

November

ERICH KÄSTNER

Der versalzene Gemeindeacker
Wie die Schildbürger einmal Salz anpflanzen wollten

Eines schönen Tages wurde in Schilda das Salz knapp. Und die Händler, die durchs Land zogen, hatten keines zu verkaufen. In Salzburg sei Krieg, erzählten sie. Und in Salzbrunn und in Salzwedel auch. Und man müsse warten, bis der Krieg vorüber sei. Das missfiel den Schildbürgern. Denn Butterbrot ohne Salz, Kartoffeln ohne Salz und Suppen ohne Salz schmeckten ihnen und ihren Kindern ganz und gar nicht. Deshalb beratschlagten sie, was geschehen solle. Und weil ihr Rathaus nun helle Fenster hatte, fiel ihnen auch gleich etwas Pfiffiges ein. Da der Zucker auf Feldern wachse, meinte einer, sei es wohl mit dem Salz nicht anders. Man brauche deshalb auf dem Gemeindeacker, der noch brach liege, nur Salz auszusäen – alles andre werde sich dann schon finden.

So geschah's. Sie streuten die Hälfte ihres Salzvorrats auf den Acker, stellten Wachtposten mit langen Blasrohren an den Rändern des Feldes auf, für den Fall, dass die Vögel das Salz würden stehlen wollen, und warteten ab. Schon nach ein paar Wochen grünte der Acker, dass es eine Lust war. Das Salzkraut schoss nur so in die Höhe. Die Feldhüter saßen mit ihren Blasrohren auf der Lauer. Aber die Vögel blieben zum Glück aus. Und die Schildbürger rechneten schon nach, wie viel Salz sie ernten würden. Hundert Zentner, meinten sie, könnten sie vermutlich sogar exportieren. Doch da kamen die Kühe und Ziegen aus dem Nachbardorf! Die Kühe und Ziegen kamen also und trampelten in dem herrlich wachsenden Salzkraut herum. Die Feldhüter schossen mit ihren Blasrohren, was das Zeug hielt. Doch das Vieh machte sich nichts draus.

Die Schildbürger wussten sich wieder einmal keinen Rat. Bis der Hufschmied eine Haselnussgerte von einem Strauche losriss und aufs Feld stürzen wollte, um die Tiere zu verjagen.

„Bist du toll?", schrie der Bäcker. „Willst auch du noch unser Kraut niedertrampeln?"

Und sie stürzten sich auf den Schmied und hielten ihn fest. Da rief er: „Wie sonst soll ich denn das Vieh vertreiben, wenn ich nicht ins Feld laufen darf?"

„Ich weiß einen Ausweg", sagte der Schulmeister. „Du setzt dich auf ein Brett. Vier von uns heben dich mit dem Brett hoch. Und dann tragen sie dich ins Feld. Auf diese Weise wirst du kein einziges Hälmchen zertreten."

Alle waren von dem Vorschlag begeistert. Man trug, zu viert, den Schmied mit seiner Gerte über den Acker, und er verjagte das fremde Vieh, ohne dem Salzkraut auch nur ein Haar zu krümmen!

Eine Woche später gerieten ein paar Kinder, obwohl es ihnen streng verboten worden war, beim Spielen ins Salzkraut hinein. Sie waren barfuß und sprangen, kaum dass sie drin waren, schreiend wieder heraus und rannten wie der Wind nach Hause.

„Es beißt schon!", riefen sie aufgeregt und zeigten den Eltern ihre Füße und Waden. Überall hatten sie rote Flecken, und es brannte fürchterlich.

„Das Salz ist reif!", rief der Schweinehirt. „Auf zur Ernte!"

Die Schildbürger ließen ihre Arbeit stehen und liegen, spannten die Pferde und Ochsen vor die Erntewagen und fuhren, mit Sicheln, Sensen und Dreschflegeln, zum Gemeindeacker. Das Salzkraut biss ihnen in die Beine, dass sie wie die Lämmer herumhüpften. Es zerkratzte ihnen die bloßen Arme. Sie bekamen rotgeschwollene Hände. Tränen traten ihnen in die Augen und rollten ihnen über die Backen. Und es dauerte gar nicht lange, so warfen sie die Sensen und Sicheln weg, sprangen weinend aus dem Acker, fuchtelten mit den brennenden Armen, Händen und Beinen im Wind und fuhren in die Stadt zurück.

„Nun?", fragten ihre Frauen. „Habt ihr das Salz schon abgeerntet?" Die Männer steckten die Hände und Füße ins kalte Wasser und sagten: „Nein. Es hat keinen Zweck. Das Salz ist uns zu salzig!"

Ihr wisst natürlich längst, was da auf dem Felde gewachsen war und was so beißen konnte. Es waren Brennnesseln! Ihr wisst es, und ich weiß es. Wir sind ja auch viel gescheiter als die Schildbürger waren.

Wie die Ziege zum Haustier wurde

... und was das Wiederkäuen damit zu tun hat

Der Elefant und die Ziege hatten Streit.

„Ich kann hundert Mal mehr essen wie du!", sagte der Elefant und machte sich über die schmale Ziege lustig.

„Das wollen wir sehen!", rief die Ziege und biss zornig einen Grashalm ab. Der Streit dauerte drei Tage und drei Nächte.

Schließlich gingen die beiden zum Löwen, dem König der Tiere, und baten ihn, ihr Schiedsrichter zu sein.

„Ich werde euch morgen auf ein großes Feld führen", sagte der Löwe. „Wer von euch beiden am meisten fressen kann, der soll zu den Zweibeinern gehen, zu den Menschen, denn sie werden seinen Hunger stillen können. Wer aber verliert, der soll sich vor mir in Acht nehmen, denn auch ich habe einen großen Appetit, und wenn ich Hunger habe, werde ich ihn jagen!"

Die Ziege und der Elefant waren einverstanden.

Früh am Morgen gingen sie mit dem Löwen auf ein großes Feld, und sofort begannen beide zu fressen.

Der Elefant knickte mit seinem Rüssel ganze Bäume um und lachte über die Ziege, die sich über ein kleines Grasbüschel hermachte.

Endlich wurde es dunkel, und der Elefant und die Ziege legten sich auf eine Felsplatte, um sich auszuruhen. Auf dem Felsen wuchs kein einziger Halm.

Trotzdem sah der Elefant die Ziege unablässig kauen.

„Was machst du da?", fragte der Elefant, dem die Ziege unheimlich wurde.

„Ich habe noch Hunger", sagte die Ziege. „Also esse ich ein wenig von dem Felsen, der harte Stein muss gut gekaut werden."

Der Elefant wusste nicht, dass die Ziege eine Wiederkäuerin war, die noch immer das zuvor gefressene Gras verdaute.

„Ich fürchte, ich bin noch lange nicht satt", sagte die Ziege. „Wenn ich den Felsen aufgegessen habe, bist du an der Reihe!"

Da begann sich der Elefant vor der Ziege zu fürchten. Er sprang auf und rannte zum nahen Wald, um sich vor der Ziege zu verstecken.

Als der Löwe das sah, ließ er die Ziege zu sich kommen.

„Du hast die Wette gewonnen!", sagte er.

„Da du allein nicht satt werden kannst, sollst du unter den Menschen leben. Sie werden dir so viel zu essen geben, wie du brauchst!"

Seit jener Zeit ist die Ziege ein Haustier, sie lebt mit den Menschen und wird von ihnen gefüttert.

Der Elefant aber streift weiterhin durch die Länder und Wälder, er geht den Menschen aus dem Weg und auch den Ziegen …

Und wenn er einen Löwen sieht, dann muss er an die verlorene Wette denken und macht sich schnell aus dem Staub …

KARIN JÄCKEL

Geisterlangeweile

*Wie eine schöne Aufgabe
Schwung ins Leben bringt*

„Schlechte Zeiten sind das", murmelte Charly. „Früher war das noch anders. Da haben sich die Menschen wenigstens noch gefürchtet. Heutzutage kann man als Gespenst froh sein, wenn man wie ich eine alte Vogelscheuche als Quartier erwischt hat. So jagt man wenigstens den Vögeln noch Angst und Schrecken ein. Aber auf die Dauer ist das auch kein Beruf mit Zukunft. Diese Langeweile bringt mich noch um."
Trübsinnig nickte Charly Schauerlich vor sich hin, sodass die Federn auf seinem Landstreicherhut wippten. Eine Maus, die in seinem zerlöcherten Schuh wohnte, kicherte: „Du musst mit der Zeit gehen, Mann, dann geht alles!"
Mit der Zeit? „Was ist das, die Zeit?", wollte Charly fragen, aber leider war die Maus schon verschwunden.
Da beschloss Charly, die Zeit zu suchen. Den lumpigen Vogelscheuchenkerl ließ er auf dem Acker stehen, breitete sein Hemd aus und flatterte mit den Schmetterlingen davon.
Nach einer Weile erreichte er einen breiten Fluss.
„Entschuldige", sagte Charly, „weißt du vielleicht, was Zeit ist?" Aber der Fluss plätscherte nur.
Auf der Straße neben dem Fluss raste ein Auto vorbei.
„Kannst du mir verraten, was Zeit ist?"
„Beschleunigung von null auf hundert in sechsundvierzig Sekunden!", brummte das Auto.
Damit konnte Charly Schauerlich aber nichts anfangen.

Ein Flugzeug spiegelte sich in den Wellen des Flusses. Ob es wohl die Antwort wusste?

Eilends schwang sich der Geist über die Wolken und nahm auf der Tragfläche Platz. Der Wind zerrte an seinem Hemd.

Doch Charly gab nicht auf. Tapfer brachte er seine Frage vor.

„Zeit?" Das Flugzeug lachte, dass die Motoren dröhnten. „Zeit ist Geld."

Jeder sagte über die Zeit etwas anderes. Charly beschloss, mit der Fragerei aufzuhören. Traurig trudelte er aus den Wolken herunter. Plötzlich ein Ruck, ein Riss und er hing fest. Etwas Spitzes, Schwarzes durchbohrte hinten sein Hemd. Er war auf einem Kirchturm gelandet. Hoffnungsvoll lachte Charly den Wetterhahn an. „Ist hier vielleicht irgendwo ein Job für einen Geist?", fragte er.

„Da kommst du gerade recht", krähte der Wetterhahn. „Frag die dicke Berta im Kirchturm da unten. Die hat am meisten Ahnung davon."

Charly Schauerlich riss sein Hemd entzwei, so heftig zappelte er sich von der Turmspitze frei. Endlich hatte er es geschafft.

Die große Turmuhr tickte ihn freundlich an. „Gut, dass du kommst", rief sie und schnarrte, dass die Zeiger wackelten. „Ich zähle die Zeit und zeige sie an. Wenn ich mich verschlafe, ist alles zu spät. Also schnapp dir die Ölkanne und öle meine Federn, sonst ist die Zeit vorbei."

Von diesem Augenblick an kümmerte sich Charly um die Zeit. Er fühlte sich wichtig wie nie zuvor, und er vergaß nie, rechtzeitig die Federn der Turmuhr zu ölen. Endlich hatte er wieder eine Aufgabe – auch wenn sie mit Herumspuken nicht viel zu tun hatte. Aber dafür war ihm jetzt wenigstens nie mehr langweilig.

HERBERT GÜNTHER

Eine ganz neue Geschichte
Wie aus kleinen Erlebnissen wunderschöne Erzählungen werden

„Und wenn sie nicht gestorben sind, dann leben sie noch heute." Die Geschichtenvorleserin schlägt das Buch zu und putzt sich die Brille. „Weiter", sagen die Zuhörer. „Mehr. Noch eine Geschichte." „Tut mir Leid", sagt die Vorleserin. „Mehr steht nicht drin."

„Wir brauchen ein neues Buch!", rufen die Zuhörer. „Wir brauchen eine neue Geschichte!" Sie stehen auf, gehen los und suchen. Die Geschichtensucher stöbern in allen Ecken und Winkeln. Aber – obwohl bald Weihnachten ist – im ganzen Haus finden sie kein Buch. In diesem Haus nicht und auch nicht in den Häusern der Straße. Im ganzen Stadtviertel nicht, ja, in der ganzen Stadt ist kein Buch zu finden. Nur Telefonbücher, Scheckbücher, Zeugnislisten. Keine Geschichten, nicht eine einzige.

Da macht sich der Geschichtensammler auf den Weg, nimmt seinen Geschichtensack und geht über Land. „Bring uns was Schönes mit!", rufen die Zuhörer. „Was Spannendes! Was Lustiges! Eine Abenteuergeschichte! Eine Liebesgeschichte! Eine Gruselgeschichte!" „Wer weiß, was ich finde", sagt der Sammler. „Ich bin etwas aus der Übung, liebe Freunde." Der Sack baumelt ihm schlaff und leer über der Schulter. Der Geschichtensammler verlässt die Stadt. Schneeflocken fallen leise und dicht. Er setzt einen Fuß vor den andern. Der Schnee knirscht unter seinen Sohlen. Der Sammler sieht sich um. Alles ist weiß. Alles ist still. Alle alten Geschichten sind vorbei und vergessen. Wo kann er hier Neues finden? Ich muss nehmen, was kommt, sagt er sich

schließlich. Als Erstes sieht er zwei unscheinbare Spatzen auf einem Gartenzaun sitzen. Sie haben sich aufgeplustert und schimpfen aufs Wetter. Oder auf die reichen Verwandten. Vielleicht machen sie Pläne fürs Frühjahr? Der Sammler hält den Geschichtensack so lange auf, bis die Spatzen wegfliegen. Dann bindet er den Sack zu und wirft ihn sich über die Schulter. Kieselsteinschwer ist die Spatzengeschichte und klopft ihm beim Laufen gegen den Rücken. Dann kommt er zu einer Höhle im Wald. Kalt ist es darin und dunkel. „Huuuh …!", ruft er in die Höhle hinein. „Ruuuh!", kommt das schaurige Echo zurück.
Der Sammler öffnet den Sack und fängt das Echo ein. Er geht durch den Wald, es wird dunkel, und von allen Seiten kommen fremde Geräusche, Knacken, Heulen, Schurren. Der Sammler fängt alles im Geschichtensack ein, auch das Klopfen in seiner Brust tut er dazu.
Als am Morgen die Wintersonne aufgeht und ihn nach langer Dunkelheit und Kälte die ersten Sonnenstrahlen wärmen, lässt der Sammler seine Erleichterung und Freude in den Geschichtensack plumpsen. Dann fährt er mit der Eisenbahn, und einen ganzen Tag lang strolcht er scheinbar faul und zu nichts nutze in einer fremden Stadt herum. Er beobachtet. Er hört zu. Er riecht. Er schmeckt. Er fühlt. Und alles steckt er in seinen Geschichtensack.
Am Nachmittag sitzt er in einem Café. Gerade will er das Schmatzen einer dicken Dame vom Nebentisch einlassen, da zappelt es im Geschichtensack. Die Spatzengeschichte ist aufgeflattert. Der Sammler greift sie mit der linken Hand am Schlafittchen und zieht sie hinunter. Aber ein paar Sätze sind entwischt, in die Luft, zum Fenster hinaus, auf und davon. So geht es nun weiter. Je mehr sich der Sack mit Geschichten füllt, je größer das Gewimmel von Wörtern und Sätzen, desto schneller kann es passieren, dass bei jedem Öffnen des Sacks – und sei es noch so vorsichtig – dieses oder jenes verloren geht. Nur das Echo liegt back-

steinschwer unten im Sack und rührt sich nicht. Nach drei Tagen macht sich der Geschichtensammler mit prall gefülltem Sack auf den Heimweg. Doch es fällt ihm schwer, aufzuhören. Die Sammellust hat ihn ergriffen. Hier bleibt er stehen und da. Schnell nimmt er noch von hier einen Eindruck mit und von da. Wahllos stopft er alles in den Geschichtensack und knotet ihn zu. Verfroren kommt er zu Hause an und tritt sich den Schnee von den Füßen. Dann rollt er den Geschichtensack in seine Werkstatt. Alles kullert durcheinander, die Wörter, die Sätze und die schöne Grammatik. Nun zieht sich der Geschichtensammler seine Hausjacke an und dreht die Heizung auf. Schon bald ist es gemütlich warm in seiner Werkstatt. Aufgetaut wird der Geschichtensammler zum Geschichtenschreiber. Fiebrig vor Arbeitsfreude zupft er den Geschichtensack auf und wagt einen ersten Blick. „Schönes Chaos!", murmelt er und reibt sich die Hände. Noch einmal versichert er sich, ob er ganz allein ist und niemand ihn stört. Dann schüttet er den Geschichtensack aus. Ist das ein Durcheinander! Ein Hin und Her, ein Kneifen, Stoßen und Wimmeln. Der Geschichtenschreiber beugt sich darüber. Zuerst muss er die Tiersprachen übersetzen. Dann die Geräusche ordnen. Wörter für die Gefühle finden. Den Geschmack zur Sprache bringen. Das Wichtige vom Unwichtigen unterscheiden. Die Dummheiten in den Papierkorb werfen. Wörter und Sätze neu zusammenbringen, hinschreiben, durchstreichen, hinschreiben, durchstreichen und wieder hinschreiben – bis alles ganz dicht ist. Dann bringt er es zum Drucker. Am ersten Advent ist das neue Buch fertig. Alle Geschichtensucher sind zum Zuhören gekommen. Weihnachtszeit ist Geschichtenzeit. Das Kaminfeuer knistert.
„Endlich, endlich!", sagen alle und sind gespannt.
Die Geschichtenvorleserin putzt ihre Brille und schlägt das Buch auf. „Es war einmal ...", liest sie. Eine ganz neue Geschichte.

Dezember

CHRISTIANE SCHLÜTER

Annika und der Gnufl

Was verloren geht, ist manchmal doch gut aufgehoben

„Halt, ich muss raus", rief Annika. Rasch schnappte sie ihren Schulranzen, zwängte sich zwischen den anderen Fahrgästen hindurch und sprang aus dem Bus. Fünf Minuten später stand sie daheim vor der Haustür. In dem Moment jedoch, als ihr Finger auf die Klingel drückte, durchfuhr es sie wie ein Blitz: der Gnufl! In der Eile, aus dem Bus zu kommen, hatte sie ihn auf dem Sitz vergessen! Der Gnufl war ein ganz besonderes Plüschtier. Er besaß ein Paar Kugelaugen und Füße aus Filz. Vor allem aber trug er ein strahlend weißes Kunstfell mit langen Haaren, die man immer anders kämmen konnte. Annika fand ihren Gnufl wunderschön und änderte seine Frisur beinahe stündlich. Heute hatte sie ihn zum ersten Mal in die Schule mitgenommen, um ihn ihren Freundinnen zu zeigen. Und dann das! Jetzt saß er ganz allein im Bus und fuhr wer weiß wohin! Annikas Herz fühlte sich an, als ob ein mächtiger Stein darauf läge.

Es wurde noch ein sehr trauriger Nachmittag. Annikas Mutter war dem Bus zwar nachgefahren, hatte ihn aber nicht mehr erreicht. Und im Fundbüro der Stadtwerke, wo sie später anriefen, war kein langhaariges Plüschtier abgegeben worden.

„Bestimmt hat jemand anderer den Gnufl mitgenommen", weinte Annika, die sich selbst die größten Vorwürfe machte. Warum nur hatte sie nicht besser aufgepasst? Sie war doch kein kleines Kind mehr, ging schließlich schon in die dritte Klasse.

Ihre Augen brannten noch, als sie abends im Bett lag.

Nein, sie konnte einfach nicht einschlafen. Wo wohl der Gnufl jetzt war? Da ging unten die Haustür. Annikas Vater kam heim, ungewöhnlich spät heute. Zwei Minuten später saß er an ihrem Bett und hörte sich an, was sie ihm, immer wieder von Schluchzern unterbrochen, erzählte. Dann dachte er nach. Annika schwieg nun auch. Ihr Vater wusste ja oft eine Lösung für die schwierigsten Probleme, vielleicht fiel ihm auch jetzt etwas Gutes ein.

„Hör mal, Annika", sagte der Vater schließlich. „Du bist jetzt sehr traurig, weil du den Gnufl verloren hast und weil du nicht weißt, was mit ihm geschehen wird. Aber ich weiß ziemlich sicher, wie alles weitergeht."
Annika horchte auf. „Wie meinst du das denn, Papa?"
„Nun, du sagst doch selbst, dass ihn ein anderes Kind mitgenommen hat. Es saß im Bus und hat deinen Gnufl gefunden. Es hat ihn aber nicht beim Fahrer abgegeben."
„Deshalb wussten sie auch im Fundbüro nichts", rief Annika.
„Genau", nickte der Vater. „Das Kind hat den Gnufl zwar mitgenommen. Aber es wird ihn nicht behalten." Hier machte er eine winzig kleine Pause, bevor er weitersprach. „Das Kind wird den Gnufl wieder verlieren, weil er ihm ja überhaupt nicht gehört. Es passt nicht gut genug auf ihn auf."
„Wie ich", murmelte Annika, „aber mir hat er gehört."
„Schon richtig", erwiderte der Vater. „Aber du solltest kein schlechtes Gewissen haben deswegen. So etwas kann einfach passieren. Es passiert den besten Leuten, ehrlich. Trotzdem war es dein Gnufl. Also, wo war ich stehen geblieben? Richtig: das fremde Kind! Es wird den Gnufl auf der Straße verlieren, es gar nicht merken und einfach weitergehen."
Wieder machte der Vater eine Pause. Dann sprach er weiter. „Da liegt dann der Gnufl auf dem Bürgersteig vor einem großen Geschäft, und keiner beachtet ihn, weil alle mit Einkäufen beschäftigt sind. Es regnet

und ist sehr ungemütlich!" Annika schauderte leicht, dann fiel ihr etwas ein: „Da kann ich den Gnufl doch wieder zu mir holen!"

Der Vater schüttelte den Kopf. „Du würdest ihn nicht finden", erwiderte er. „Aber jemand anderer findet ihn."

„Wer denn?"

„Eine Hündin", antwortete der Vater. „Eine Schäferhündin. Sie kommt da vorbei, wo der Gnufl liegt. Sie schnuppert und schnüffelt, und plötzlich findet sie ihn. Sie kann den Gnufl sofort gut leiden. Sie packt ihn ganz vorsichtig mit der Schnauze ..."

„Und dann?", hauchte Annika gebannt und stellte sich ihren schneeweißen Gnufl zwischen den Zähnen einer Schäferhündin vor.

„Dann trägt die Hündin den Gnufl in ihre Hütte. Da liegt er jetzt zwischen ihren Pfoten. Sie passt gut auf ihn auf, und wenn ihn jemand wegnehmen will, fängt sie gleich an zu knurren. So ist der Gnufl in Sicherheit – wenn er auch natürlich nicht mehr so schön gekämmt ist wie früher", fügte der Vater noch hinzu. „Das ist es, was passieren wird."

Annika überlegte einen Moment. „Bei der Schäferhündin kann der Gnufl ruhig bleiben", schniefte sie und spürte, wie ihr leichter ums Herz wurde. „Aber sag mal, gehen solche Geschichten denn immer so aus?"

„Meistens tun sie das", sagte der Vater und lächelte. Dann blieb er an Annikas Bett sitzen, bis sie eingeschlafen war.

SIGRID HEUCK
Der Esel und der Elefant

*Warum jeder ein bisschen anders aussieht
als der andere*

Kurz nachdem er die Welt erschaffen hatte, machte der liebe Gott einmal einen Spaziergang durch Afrika. Er wanderte durch die Wüste, den Urwald und über die Steppen und er war stolz auf das, was er geschaffen hatte. Elefanten begegneten ihm, Löwen, Gazellen, Flamingos und viele andere Tiere.

Doch weil der liebe Gott schon ziemlich alt und ein bisschen kurzsichtig war, fiel es ihm oft schwer, die Tiere voneinander zu unterscheiden. Sie hatten nämlich alle noch keine Farbe.

Deshalb sagte er einmal „Guten Morgen, Leopard!" zur Gazelle und „Fein, dich zu treffen, Giraffe!" zum Flamingo. Dann erklärten ihm die Tiere entrüstet, dass er sich geirrt habe. So geht das nicht weiter, dachte der liebe Gott. Dagegen muss ich etwas tun.

Er schickte ein paar Vögel in seine Werkstatt, um Farbtöpfe zu holen, und rief alle Tiere zusammen.

„Ich will euch ein bisschen anmalen", erklärte er ihnen. „Damit man euch besser voneinander unterscheiden kann."

Niemand wollte der Erste sein. Doch schließlich trat das Zebra vor.

„Mir ist's recht", sagte es. „Mal nur zu!"

Und weil der liebe Gott den anderen Tieren zeigen wollte, was er konnte, gab er sich mit dem Zebra besondere Mühe.

Er malte schwarze Längsstreifen, dann Schrägstreifen und Querstreifen, mal dick und mal dünn, wie es gerade so auf den Körper passte.

„Bravo!", jubelten die Tiere, als er fertig war und seine Pinsel auswusch.

Da lief das Zebra gleich neugierig zum nächsten Wasserloch, um sich darin zu betrachten.

Jetzt drängte sich der Leopard vor. Er bekam dunkle Flecken auf sein gelbes Fell getupft. Die Giraffe wurde mit einem Netzmuster überzogen und die Gazellen erhielten weiße Bäuche und schwarze Striche an den Seiten.

So arbeitete der liebe Gott und merkte nicht, dass ihm allmählich die Farbe ausging. Am Ende waren nur noch der Esel und der Elefant übrig. Doch die Farbtöpfe waren leer.

„Bitte, bitte!", schrie und jammerte der Esel. „Mal mir irgendein Zeichen auf den Rücken, sonst verwechseln mich die Leute mit dem Elefanten, weil ich genauso grau bin wie er. Dann fangen sie mich ein und brechen mir die Zähne aus, weil sie es als Elfenbein verkaufen wollen!"

„Ach je!", klagte der liebe Gott. „Ich hab nichts mehr. Alle meine Farben sind schon verbraucht."

Da zupfte ihn ein kleiner Vogel an der Kutte.

„An dem Pinsel ist noch etwas schwarze Farbe", piepste er.

„Das könnte reichen."

Der liebe Gott nahm seinen Pinsel und malte dem Esel ein schwarzes Kreuz auf den Rücken. Den allerletzten Rest strich er auf die Gelenke.

„Bist du jetzt zufrieden?", fragte er, als er fertig war.

„Iah!", schrie der Esel und trabte davon.

Nur der Elefant blieb für immer einfarbig grau. Bei seiner Größe hätte der liebe Gott zu viel Farbe verbrauchen müssen.

JOSEF GUGGENMOS
Warum es keine Weihnachtslärche gibt
Eine Geschichte von Bäumen, ihren Namen und Eigenarten

„Herbst, was hast du uns mitgebracht?", riefen die Bäume.
„Mitgebracht?", brummte der Herbst.
„Die andern haben uns die herrlichsten Dinge geschenkt!", schallte es von allen Seiten. „Der Frühling hat uns allen herrliche grüne Kleider gegeben!"
„Dazu hat er uns mit schneeweißen Blüten überschüttet!", riefen Birnbaum, Kirschbaum und Pflaumenbaum.
„Mich hat er mit rosafarbenen Blüten geschmückt!", rief der Apfelbaum.
„Mir hat er tausend rote Blütenkätzchen geschenkt!", rief die Fichte.
„Mir hat er auf jeden Zweig prächtige Blütenkerzen gesteckt!", rief die Kastanie.
„Und der Sommer!", riefen die Bäume. „Der Sommer hat uns Früchte gegeben!"
„Mich hat er mit blauen, weiß bereiften Kugeln behängt!", rief der Pflaumenbaum.
„Mich mit wunderhübschen roten!", rief der Kirschbaum.
„Uns hat er große, saftige Früchte beschert!", riefen Birnbaum und Apfelbaum.
„Mir hat er zierliche Zapfen auf die Zweige gesteckt!", rief die Lärche.
Die Bäume konnten nicht genug den Frühling und den Sommer loben.
„Und du, Herbst", riefen sie, „du nimmst uns die Früchte! Und was gibst du uns dafür?"

„Ich habe nichts mitgebracht. Ich kann euch nichts geben", brummte der Herbst. „Ihr habt eure grünen Kleider noch, seid zufrieden!"

„Ach, unsere grünen Kleider", hieß es. „An denen haben wir uns längst satt gesehen!"

Die Bäume standen still und traurig, bis sich eine helle Stimme vernehmen ließ: „Kannst du uns nicht wenigstens die Kleider färben? Ich wünsche mir ein goldenes!"

Alle schauten auf die Birke, die gesprochen hatte. Dann brach ein Sturm los: „Herbst, du musst uns die Kleider färben!"

„Ich wünsche mir ein rotes Kleid!", rief der Kirschbaum.

„Ich ein braunes!", rief die Eiche.

„Ich ein violettes!", rief die Tanne.

„Ich ein ockerfarbenes!", rief die Lärche.

„Ich ein buntes!", rief der Ahorn.

Der Herbst schüttelte sein Haupt. „Ich würde euch gerne den Gefallen tun", sagte er. „Aber was würde der Winter dazu sagen, wenn er kommt? Er würde toben! Ich kenne ihn: Er ist für das Schlichte, alles Buntscheckige ist ihm verhasst. Nein, es kann nicht sein!"

„Oh, du willst nur nicht!", klagten die Bäume. „Der Winter hat gewiss nichts dagegen, wenn wir bunte Kleider tragen!"

„Wir können ihn ja fragen", entschied der Herbst. Und er befahl dem Wind, eilig zum Winter zu laufen.

Bis zum Winter war es ein weiter Weg. Der Wind rannte durch die Straßen der Dörfer und Städte, über die Fluren, durch die Täler, über die Höhen.

Keuchend kehrte er zurück. „Der Winter ist außer sich", berichtete er. „Er droht, allen Bäumen den Kragen umzudrehen, wenn er jeden in einem andersfarbigen Kleid vorfindet."

Die Bäume steckten die Köpfe zusammen. Schließlich machten sie dem Herbst einen Vorschlag: „Gib unsern Blättern und Nadeln schöne Farben! Wir versprechen dir, sie alle abzuwerfen, ehe der Winter kommt, dann hat er keinen Grund, sich zu beschweren. Der Frühling gibt uns später wieder neue Kleider."

„Hm", meinte der Herbst, „dann steht ihr ja alle kahl da, wenn der Winter kommt. Ob er damit einverstanden sein wird? Ich glaube kaum. – Lauf, Wind, und frage ihn."

Der Wind stöhnte, weil er den weiten Weg noch einmal machen musste. Fauchend und heulend fuhr er über das Land, bis er dorthin gelangte, wo der Winter wohnte.

Der Winter erklärte: „Wenn den Bäumen so viel an bunten Kleidern gelegen ist, sollen sie ihre Freude haben! Aber ein Teil von ihnen muss grün bleiben. Ich will an Weihnachten nicht nur kahle Zweige sehen! Wind, höre gut zu, was ich dir sage! Die Laubbäume können sich ihr Laub vom Herbst färben lassen, wenn sie wollen; sie müssen es nur abgeworfen haben, bis ich komme. Die vier Nadelbäume aber – hast du verstanden? –, die vier Nadelbäume müssen grün bleiben. Wehe dir, wenn du meinen Befehl nicht ordentlich weitergibst!"

Der Wind, den schon der Herbst so viel herumgeschickt hatte, wollte wenigstens zur Zeit des Winters seine Ruhe haben. Er nahm sich daher vor, seine Botschaft an die vier Nadelbäume genau auszurichten. Als er zurückkam, rief er sogleich:

„Fichten, Tannen, Kiefern, Föhren, ihr vier habt mir zuzuhören! Bleibet grün, so wie ihr seid, grün, grün, grasgrün allezeit! Dieses muss ich euch berichten, Tannen, Kiefern, Föhren, Fichten!"

Der Wind war überzeugt, seine Sache gut gemacht zu haben. Doch als der Winter kam und sich umschaute, da verfinsterte sich sein Gesicht. Er brüllte: „Wind, was habe ich dir aufgetragen?", und zeigte auf die Lärche, die mit kahlen Zweigen dastand. Unter ihr lagen die ockerfarbenen Nadeln verstreut, die sie abgeworfen hatte wie die Laubbäume ihr Laub.

„Aber ich habe doch ausdrücklich allen vier Nadelbäumen befohlen", stotterte der Wind, „der Fichte, der Tanne, der Kiefer, der Föhre ..."

„Und die Lärche?", brüllte der Winter.

Da ging dem Wind plötzlich ein Licht auf: Er hatte die Kiefer, die auch Föhre heißt, zweimal genannt und die Lärche vergessen ...

Ja, hätte der Wind damals nicht einen Fehler gemacht, könnten wir uns als Weihnachtsbaum eine kleine Lärche statt der Fichte oder Tanne ins Zimmer holen.

Aber seien wir dem Wind nicht auch noch böse. Er ist bestraft genug. Hört nur, wie ihn der Winter draußen durch die Gegend jagt!

DIETER INKIOW UND ROLF RETTICH

Der Elefant und die Ameisen

Wie das Wissen das Staunen ablöste

Stell dir einmal vor: Ein Wirbelsturm hebt zwei Ameisen hoch in die Luft und trägt sie bis nach Afrika. Dort fallen die beiden Ameisen auf den Rücken eines Elefanten. Werden die Ameisen wissen, wo sie sich befinden? Sicher nicht.
Eine Ameise sagt zur andern:
„Weißt du, wo wir gelandet sind?"
„Ich glaube, auf einem Hügel. Auf einem dunkelbraunen Hügel."
„Halte dich fest! Dieser Hügel bewegt sich ja!"
„Vielleicht erleben wir ein Erdbeben!" „Nein, die Bäume rundherum bewegen sich gar nicht."
„Schau nach links, meine Liebe. Schau dir den Schatten an. Unser Hügel hat vier Beine. Es ist ein Tier."
„Stimmt. Ich hätte es nie gedacht, dass es so riesengroße Tiere gibt."
„Ich auch nicht. Weißt du, wir können es ausmessen, wenn wir die Schatten der Bäume und seinen Schatten beobachten."
„Das machen wir!"
Bald haben die beiden Ameisen herausgekriegt, wie groß das unbekannte Tier war, auf dessen Rücken sie sich befanden.
Im Vergleich mit der Erde sind die Menschen viel kleiner als die Ameisen im Vergleich mit dem Elefanten. Und die Erde ist viel, viel größer als der Elefant.
Mit der Zeit suchten die Menschen Wege, um die Erde zu vermessen.

„Wie machen wir das?", fragten sich die Gelehrten.

Damals gab es noch kein Metermaß. Die Längenmaße hießen „Fuß", „Elle" und so weiter. Allen war es klar: Man kann nicht um die Erde herumlaufen, um sie auszumessen. Dann hatten die Gelehrten eine Idee: „Um den Erdumfang auszumessen, werden wir die Sonne benutzen. Die Erde dreht sich in 24 Stunden einmal um ihre Achse. Wir werden eine Strecke in Ost-West-Richtung ausmessen. Dann werden wir beobachten, wie viel Zeit die Sonne braucht, um senkrecht am Anfang und dann an ihrem Ende zu stehen."

„Und was wird uns das helfen?"

„Es ist ganz einfach. Wenn die Sonne eine Minute für die Strecke braucht, bedeutet das, dass der Erdumfang 1440-mal größer ist. Weil 24 Stunden 1440 Minuten haben."

Auf diese Weise errechnete man den Erdumfang. Dann sagte man sich: „Der Erdumfang wird sich nie verändern. Er bleibt immer gleich. Wir können ihn als Längenmaß benutzen."

So entstand das Metermaß. Man hat den Erdumfang durch 40 Millionen geteilt. Diese Länge wurde „ein Meter" genannt. Man fertigte einen „Urmeter" aus Platin an, der bis heute in Paris aufbewahrt wird.

Später haben die Gelehrten festgestellt, dass man ungenau gemessen hatte. Die späteren genaueren Messungen ergaben, dass der Umfang des Äquators 40 Millionen und 77000 Meter beträgt.

Aber das Metermaß blieb.

Man errechnete auch, dass die Erde in einer ellipsenförmigen Bahn um die Sonne kreist. Sie braucht dafür 365 Tage, 5 Stunden, 48 Minuten und 46 Sekunden. Die Erdachse ist 12714 Kilometer lang. Und der größte Durchmesser am Äquator ist 12756 Kilometer.

Das heißt, die Erde ist ein Ball, der nicht ganz rund, sondern am Nordpol und am Südpol ein bisschen abgeflacht ist.

Am Anfang ihrer Geschichte bewegten sich die Menschen nur zu Fuß und zu Pferd. Man brauchte Jahre, um von Europa nach Indien zu reisen. Der venezianische Kaufmann Marco Polo reiste als junger Mann im Jahre 1271 nach China. Erst 21 Jahre später, 1292, kam er zurück. In Europa hatte man vorher keine Ahnung, dass es solche exotischen Länder wie China gibt. Marco Polo wurde weltberühmt.
Heutzutage darf keiner, der nach China fährt, hoffen, durch die Reise weltberühmt zu werden.
Je schneller sich die Menschen bewegen konnten, desto mehr schrumpfte in ihren Augen die Erde. Es ist nur einhundert Jahre her, dass der französische Schriftsteller Jules Verne seinen berühmten utopischen Roman schrieb: „Die Reise um die Welt in 80 Tagen". Man las und staunte. Und träumte:
„Werden wir je in der Lage sein, in 80 Tagen rund um die Erde zu reisen?" Heute umkreisen einige Piloten in Langstrecken-Flugzeugen die Erde sogar zweimal in einer Woche. Und kein Hahn kräht danach.
Ist das toll?
Oder ist es traurig, dass wir nicht mehr staunen können?

Quellenverzeichnis

Wir danken den Verlagen und Rechtsinhabern für die freundliche Abdruckgenehmigung. Leider war es nicht in allen Fällen möglich, den jeweiligen Rechtsinhaber ausfindig zu machen. Rechte und Honoraransprüche bleiben selbstverständlich gewahrt.

Abedi, Isabel, *Sieben auf einen Streich,* aus: Dies., Kleine Drachen-Geschichten zum Vorlesen, © Verlag Heinrich Ellermann, Hamburg 2006

Baisch, Milena, Putzparty, aus: Dies., Leselöwen-Freundschaftsgeschichten, © 1997 Loewe Verlag GmbH, Bindlach

Brecht, Bertolt, *Märchen,* Ders., Werke. Große kommentierte Frankfurter und Berliner Ausgabe, Bd. 19, Prosa 4, © 1997 by Suhrkamp Verlag, Frankfurt am Main

Bröger, Achim, *In Wirklichkeit war es anders,* aus: Ders., Mein Vorlesebuch, Thienemann 2004, © Achim Bröger

Ehret, Angelika, *Zeugnisse,* gefunden in: Bartholl, Silvia (Hg.), Neue Kindergeschichten. Dritte Folge. Auswahlmanuskripte zum Peter-Härtling-Preis für Kinderliteratur der Stadt Weinheim, Beltz Verlag 1995, © Angelika Ehret

Gernhardt, Robert, *Die Angstkatze,* © 2006 Robert Gernhardt, durch Agentur Schlück. Alle Rechte vorbehalten.

Guggenmos, Josef, *Warum es keine Weihnachtslärche gibt,* © Ruth Guggenmoos-Walter

Günther, Herbert, *Eine ganz neue Geschichte,* © Herbert Günther, www.herbertguenther.de

Hanisch, Hanna, *Von der großen Wut des kleinen grauen Elefanten,* aus: Dies., Mittwochabend-Geschichten, © 1984 by Rowohlt Taschenbuch Verlag GmbH, Reinbek bei Hamburg, S. 10-14

Hasler, Eveline, *Der Wortzerstückler,* © Eveline Hasler

Heuck, Sigrid, *Der Esel und der Elefant,* © Sigrid Heuck

Hoscheit, Jhemp, *Was willst du später werden?* Übers.: Nico Wirth, abgedruckt mit

Genehmigung des Autors in: Gipfeltreffen. Das EU-Lesebuch für junge Leute, hg. von Elisabeth Groh u. a., Dachs Verlag 1998, © Rechteinhaber konnte nicht ermittelt werden.

IMBSWEILER, GERHARD, *Modeerscheinung,* aus: Ders., Von Perlen und Säuen. Geschichten zum Vorlesen und Nachspielen, Rowohlt, Reinbek 1989, S. 5-10, © Gerhard Imbsweiler

INKIOW, DIETER/RETTICH, ROLF, *Die Frage des Maharadscha; Der Elefant und die Ameisen,* aus: Dies., Wie groß ist die Erde?, © 1993 Orell Füssli Verlag AG, Zürich

JÄCKEL, KARIN, *Geisterlangeweile,* aus: Dies., Das Superbuch der Gruselgeschichten, Gondolino, Bindlach 2002, S. 76-78, © Karin Jäckel

JANISCH, HEINZ, *Die Schwalbe und das Meer; Warum der Schakal heult; Warum der Wolf im Wald lebt; Wie die Ziege zum Haustier wurde; Das schönste Kind von allen,* aus: Die kluge Katze. Die schönsten Tiermärchen aus aller Welt, neu erzählt von Heinz Janisch, © Annette Betz Verlag im Verlag Carl Ueberreuter, Wien – München 2006, S. 32, 39, 64, 66, 68.

KÄSTNER, ERICH, *Der versalzene Gemeindeacker,* aus: ders. Die Schildbürger, © Atrium Verlag, Zürich

KEYSERLINGK, LINDE VON, *Alles nur Könige; Das Ungeheuer,* aus: Dies.; Die Welt, mit dem Herzen gesehen. Die schönsten Geschichten für die Kinderseele Band 2, © Verlag Herder Freiburg im Breisgau 2002

KEYSERLINGK, LINDE VON, *Nichts gesagt; Angelina,* aus: Dies.; Die schönsten Geschichten für die Kinderseele, © Verlag Herder Freiburg im Breisgau 2001

KRAHÉ, HILDEGARD, *Wie die Tiere dafür sorgten, dass es Sonne und Mond gibt,* aus: Dies., Mondgesichter. Märchen, Mythen und Legenden von Sonne, Mond und Sternen Gabriel Verlag, Wien 1998, S. 48-50, © Hildegard Krahé

KUCKERO, ULRIKE, *Vom Huhn, das verreisen wollte,* © Ulrike Kuckero

MAI, MANFRED, *An die Arbeit!,* aus: Ders., Leselöwen-Schulgeschichten, © 1997 Loewe Verlag GmbH, Bindlach

Rassmus, Jens, *Null Punkte; Waschtag; Abkühlung,* aus: Ders., Der karierte Käfer. 14 3/3 Geschichten, © Residenz Verlag, St. Pölten – Salzburg 2007

Schami, Rafik, *Am Meer,* aus: Ders., Eine Hand voller Sterne, © 1987 Beltz & Gelberg in der Verlagsgruppe Beltz, Weinheim & Basel

Scheffler, Ursel, *Der Regenmacher von Salamanca,* aus: Dies., Neue Geschichten von der Maus für die Katz, © Kerle im Verlag Herder Freiburg im Breisgau 2005

Schlüter, Christiane, *Annika und der Gnufl,* © Rechte bei der Autorin

Schmitt, Petra Maria, *Der verschwundene See,* aus: Dies., Kleine Indianergeschichten zum Vorlesen, © Verlag Heinrich Ellermann, Hamburg 2008, S. 15-17

Thurber, James, *Das kleine Mädchen und der Wolf,* aus: Ders., Vom Mann, der die Luft anhielt, und andere Geschichten, Übers. Reinhard Kaiser, © der deutschen Übersetzung: Eichborn Verlag, Frankfurt am Main 2006, © der englischen Originalausgabe: Barbara Hogenson Agency

Wölfel, Ursula, *Die Geschichte von der Mutter, die an alles denken wollte,* aus: Dies., Neunundzwanzig verrückte Geschichten, © 1974 by Thienemann Verlag (Thienemann Verlag GmbH), Stuttgart – Wien

Wölfel, Ursula, *Die Geschichte von der Schnecke in der Stadt,* aus: Dies., Siebenundzwanzig Suppengeschichten, © 1968 by Thienemann Verlag (Thienemann Verlag GmbH), Stuttgart – Wien

Wolf, Klaus-Peter, *Kapitän Hakenhand,* aus: Ders., Leselöwen-Seeräubergeschichten, © 1993 Loewe Verlag GmbH, Bindlach

Wagener, Gerda, *Der klitzekleine Hase und seine Freunde,* © Bohem Press, Zürich

© Verlag Herder GmbH, Freiburg im Breisgau 2010
Alle Rechte vorbehalten
www.herder.de
Illustration und grafische Gesamtgestaltung: Nina Chen
Foto Umschlag: © Paul Schirnhofer
Foto Umschlag Rückseite: © DAVIDS/Carlos
Herstellung: Himmer AG, Augsburg
Gedruckt auf umweltfreundlichem, chlorfrei gebleichtem Papier
Printed in Germany
ISBN 978-3-451-30280-0